土地整治的经济社会影响与成效评估

张正峰◎著

知识产权出版社
全国百佳图书出版单位
—北京—

图书在版编目（CIP）数据

土地整治的经济社会影响与成效评估/张正峰著. —北京：知识产权出版社，2021.12

ISBN 978-7-5130-7847-4

Ⅰ.①土… Ⅱ.①张… Ⅲ.①土地整理—研究—中国 Ⅳ.①F321.1

中国版本图书馆 CIP 数据核字（2021）第 234152 号

策划编辑：蔡　虹　　**责任校对：**潘凤越

责任编辑：荆成恭　　**责任印制：**孙婷婷

封面设计：邵建文

土地整治的经济社会影响与成效评估

张正峰　著

出版发行：	知识产权出版社有限责任公司	**网　　址：**	http://www.ipph.cn
社　　址：	北京市海淀区气象路50号院	**邮　　编：**	100081
责编电话：	010-82000860转8324	**责编邮箱：**	caihong@cnipr.com
发行电话：	010-82000860转8101/8102	**发行传真：**	010-82000893/82005070/82000270
印　　刷：	北京建宏印刷有限公司	**经　　销：**	各大网上书店、新华书店及相关专业书店
开　　本：	787mm×1092mm　1/16	**印　　张：**	16
版　　次：	2021年12月第1版	**印　　次：**	2021年12月第1次印刷
字　　数：	226千字	**定　　价：**	79.00元

ISBN 978-7-5130-7847-4

前　言

由于人口持续增长、资源环境约束趋紧、居民消费结构升级等多重因素影响，我国对农产品的供求状况仍将长期处于“总量基本平衡、结构性紧缺”状态，而土地资源作为承载经济发展和社会生活的物质基础，在工业化、城镇化和现代农业化同步加快推进过程中，其稀缺性特征越发凸显，在此形势下，国家将土地整治上升到战略高度。高标准农田建设和土地整治重大工程作为发挥集聚效益的重要载体，在保障国家粮食安全、保护生态环境的同时，也起到促进经济社会发展的作用，国家给予了高度重视。

本书从县域角度开展高标准农田建设对区域经济、社会发展的影响研究，并对土地整治重大工程建设的成效开展了评估，主要内容包括以下六个部分：第一，从理论上探索分析了高标准农田建设对县域经济、社会发展的影响机制。将经济影响机制分为直接拉动和间接拉动，将社会发展影响机制分为保障粮食安全、促进城乡统筹发展、改善农业生产与经营方式、提高资源利用效率四个方面；第二，以经济影响机制为基础，运用投入产出法，结合消费函数，从一次拉动、二次拉动、间接拉动三个方面出发，构建了高标准农田建设对县域经济影响的评估模型；第三，以社会影响机制分析为基础，综合运用理论分析法和专家调查法构建了可反映高标准农田社会影响的评价指标体系；第四，将土地整治重大工程建设看作一个系统，基于土地整治重大工程“建设任务—建设引发的区域变化—建设所带来的影响”这一逻辑链条，分别从理论上系统分析土地整治重大工程建设对藏粮于地、扶贫开发、乡村振兴和生态文明四大战略的传导机制；第五，采用理论分析与专家咨询相结合的方法，分别构建土地整治重大工程建设促进藏粮于地、扶贫开发、乡村振兴和生态文明四大战略实施的评估指标体系，分别明确指标的内涵、计算方法和指标来源；第六，分别选择与上述四大战略相对应的典型土地整治重大工程，采用定性与定量相结合的方法，利用构建的评价体系对土地整治重大工程建设对藏粮于地、扶贫开发、乡村振兴和生态文明四大战略实施的成效进行评估，明确成效评估的结论。

在本书的写作和出版过程中得到许多人的帮助，在此向他们表示致谢！感谢自然资源部国土整治中心的陈原处长、孟宪素处长、田玉福处长、陈艳林、李少帅在课题调研与研究中给予的大力支持。感谢我的研究生谭翠萍、梁育、张阿曼、卢照地、温阳阳、徐梦瑶、宁姗姗、黄雨帆，他（她）们出色地协助我完成了课题的研究。也感谢本书的策划编辑蔡虹女士及责任编辑荆成恭先生，他们认真负责的态度深深影响了我。

本书受到中国人民大学2021年度“中央高校建设世界一流大学（学科）和特色发展引导专项资金”的支持。

CONTENTS

目　录

上篇　高标准农田建设对县域经济社会的影响评估

下篇 土地整治重大工程成效评估

上　篇

高标准农田建设对县域经济社会的影响评估

第一章 绪论

1.1 研究背景

为加快发展现代农业，确保国家粮食安全和重要农产品的有效供给，进一步提高农业水土资源利用的效率，提升农业机械化水平和农业科技应用，促进农业产量持续增加，加快高标准农田建设是十分紧要和必需的。

党中央、国务院一直保持着对农田建设的高度重视，出台了多项支持政策，近年发布的中央 1 号文件多次就加快高标准农田建设这一问题提出了要求。2018 年中央 1 号文件《中共中央 国务院关于实施乡村振兴战略的意见》提出“大规模推进农村土地整治和高标准农田建设，稳步提升耕地质量，强化监督考核和地方政府责任。加强农田水利建设，提高抗旱防洪除涝能力”。2019 年中央 1 号文件《中共中央 国务院关于坚持农业农村优先发展做好“三农”工作的若干意见》提出“巩固和提高粮食生产能力，到 2020 年确保建成 8 亿亩高标准农田。修编全国高标准农田建设总体规划，统一规划布局、建设标准、组织实施、验收考核、上图入库。加强资金整合，创新投融资模式，建立多元筹资机制。实施区域化整体建设，推进田水林路电综合配套，同步发展高效节水灌溉。全面完成粮食生产功能区和重要农产品生产保护区划定任务，高标准农田建设项目优先向‘两区’安排”。2020 年中央 1 号文件《中共中央 国务院关于抓好“三农”领域重点工作确保如期实现全面小康的意见》提出“支持产粮大县开展高标准农田建设新增耕地指标跨省域调剂使用，调剂收益按规定用于建设高标准农田”。2021 年中央 1 号文件《中共中央 国务院关于全面推进乡村振兴加快农业农村现代化的意见》提出“实施新一轮高标准农田建设规划，提高建设标准和质量，健全管护机制，多渠道筹集建设资金，中央和地方共同加大粮食主产区高标准农田建设投入，2021 年建设 1 亿亩旱涝保收、高产稳产高标准农田”。2019 年 11 月，国务院办公厅印发的《国务院办公厅关于切实加强高标准农田建设提升国家粮食安全保障能力的意见》明确提出，到 2022 年，全国要建成 10 亿亩高标准农田。

近几年，全国高标准农田建设资金投入力度与投资补助标准不断增加。2014 年，国家发展改革委、财政部分别将田间工程、中低产田改造亩均中央投资补助标准提高到 1200 元和 1020 元，分别提高 2 倍和 10% 左右。2015 年中央安排高标准农田建设资金 700 多亿元，而 2019 年和 2020 年分别安排中央资金约 860 亿元和 867 亿元用于支持高标准农田建设。在如此大规模的投资下，项目区农田生产条件明显改善，农田抗灾减灾能力显著增强，形成了一批田成方、渠相连、旱能灌、涝能排的粮食生产基地，粮食主产区亩均产能提高 10% ~20%，为实现粮食生产的增长、促进农民增收和农业机械化发展发挥了积极作用，在很大程度上促进了国民经济和社会的发展（熊冰瑶等，2016；方琳娜等，2020）。

2020 年 10 月，中国共产党第十九届中央委员会第五次全体会议审议通过了《中共中央关于制定国民经济和社会发展第十四个五年规划和二〇三五年远景目标的建议》，指出：“十四五”时期，要坚定不移贯彻创新、协调、绿色、开放、共享的新发展理念，以推动高质量发展为主题，以深化供给侧结构性改革为主线，以改革创新为根本动力，以满足人民日益增长的美好生活需要为根本目的。土地整治的外部环境已经发生了深刻变革，而在可预见的未来，土地整治的范围和规模还会扩大，投资的力度也会持续增强，且时逢

"十四五"开局，立足宏观经济的高度，从投资的角度，研究业已开展的土地整治项目中的高标准农田建设项目对经济社会发展的影响，对于区域经济社会发展政策的制定具有重要的指导意义（赵小风等，2013；谷晓坤等，2013；刘春芳等，2018）。

1.2 研究意义

从2000年开始，我国将县域经济发展，作为社会主义经济建设的重点内容，不断加大县域经济重点项目投资，完善重点项目的总体规划，鼓励县域经济招商引资，通过重点项目建设，不断拉动县域经济发展，故而我们必须重视县域重点项目的作用。

在高标准农田项目建设过程中，县作为一个完整的行政单元，项目的实施与管理、资金的分配与下放均由其统一进行；而现有对高标准农田建设的效益研究中，大多是从项目或宏观角度出发，从县域角度出发的研究尚少。高标准农田建设项目作为一种投资活动的形式，不是一个独立事件，其在项目建设前后必将对项目区内、项目所在区县乃至更大范围内的自然系统、经济系统、社会系统产生影响与作用。本篇探讨已开展的高标准农田建设项目对县域国民经济及相关行业的拉动效应以及对社会发展产生的影响，既是对已建项目的总结，也为以后项目的开展提供方向性指导。本篇具有以下三个方面的重要意义。

① 丰富高标准农田建设效益评价理论。现有的高标准农田建设项目成效评价多是基于项目层次进行效益分析或在宏观层面进行定性描述，而本篇则是从县域角度定量测算，研究高标准农田建设对经济社会发展的贡献作用，从而丰富现有的高标准农田建设绩效评价研究成果。

② 对县域政策制定具有参考意义。对实证区县的高标准农田建设做出评估，并对其后期高标准农田建设的方式及方案选取具有指导意义；同时，结合理论研究与实证研究的结果，为我国其他区县

高标准农田建设的政策调控、行政决策、空间规划提供理论参考和借鉴。

③ 可有效指导地方土地整治的实践。第一，有利于提高决策部门对高标准农田建设的认知，合理安排项目时序、区域、投资的强度等，使土地整治规划与农业产业、城乡建设、区域发展等相关规划相协调，进一步发挥土地整治投资对国民经济的促进作用；第二，使相关部门了解高标准农田建设取得的实际成效，准确掌握项目资金的分配与使用的效率和有效性，从而为决策和规划部门科学编制相关规划和高标准农田建设专项资金分配提供参考，提高公共资源利用效率；第三，量化高标准农田建设资金投入对国民经济各部门的影响，可以使相关部门对高标准农田建设投资有更客观的认识，在进一步开展土地整治过程中，更利于构建政府主导、部门联动、共同推进的良好局面；第四，为在群众中宣传高标准农田建设成效提供了科学数据支撑，使土地整治在今后的工作中更容易被群众接受并获得支持，进而使土地整治投资的效益进一步扩大。

1.3 研究范围界定

县，作为一个行政单元，由中央统一划分或调整。本篇所指县域，是指在行政区划的县级区域内的所有空间范围。在实证时将对整个行政县范围研究期限内建成的高标准农田进行调查研究。

本篇选择以农业为主导产业的、全域开展高标准农田建设的县为实证县，原因在于这类县的高标准农田建设规模较大，其对经济社会发展的促进较为明显，且数据较为充分。若后期对此研究进行更深入的探讨，将拓宽实证县的选择范围，并进行对比研究。

1.4 研究方法

① 文献研究法。在研究开展前期，收集国内外理论及研究成果，阅读参考文献及资料，对国内外高标准农田建设研究现状和最新进展有初步的认识。

② 消费函数方法。本篇在计算高标准农田建设投资直接拉动时会涉及劳务报酬的二次拉动以及农业增收促进农民消费的新一轮拉动，引入消费函数方法。

③ 投入产出法。高标准农田投资对国民经济的助推作用分析采用投入产出分析法，结合消费函数，构建高标准农田投资拉动模型。

④ 综合评价法。综合运用理论分析法、访谈法、调查问卷法等方法确定可反映高标准农田建设社会效益的评价指标，构建有效的高标准农田建设促进县域社会发展的评价体系，分维度对社会影响进行定量评估，从而使评估结果更加客观、更加科学。

⑤ 定性分析与定量分析相结合的方法。因高标准农田建设社会效益评价涉及的因素较多，而且项目建设前后农业生产条件会发生变化，因而在评价过程中，采用理论分析与专家咨询相结合的方法来确定各参评因子，对能够量化的指标尽量量化，对一些确实难以量化的指标，将采用定性的分析方法，这样可以既保证了社会效益评价具有较高的可靠性，又保证了较为全面地反映高标准农田建设的社会效益。

⑥ 实地调查法。分析高标准农田建设对县域经济发展的影响时，除数据分析以外，要进行投资、收入等方面的实地考察验证。对高标准农田建设的县域社会影响分析及实证研究，需要大量的实地调研作为支撑，诸如关于农业现代化水平、农户调查等方面的调查。

1.5 研究技术路线

上篇研究的技术路线如图 1－1 所示。

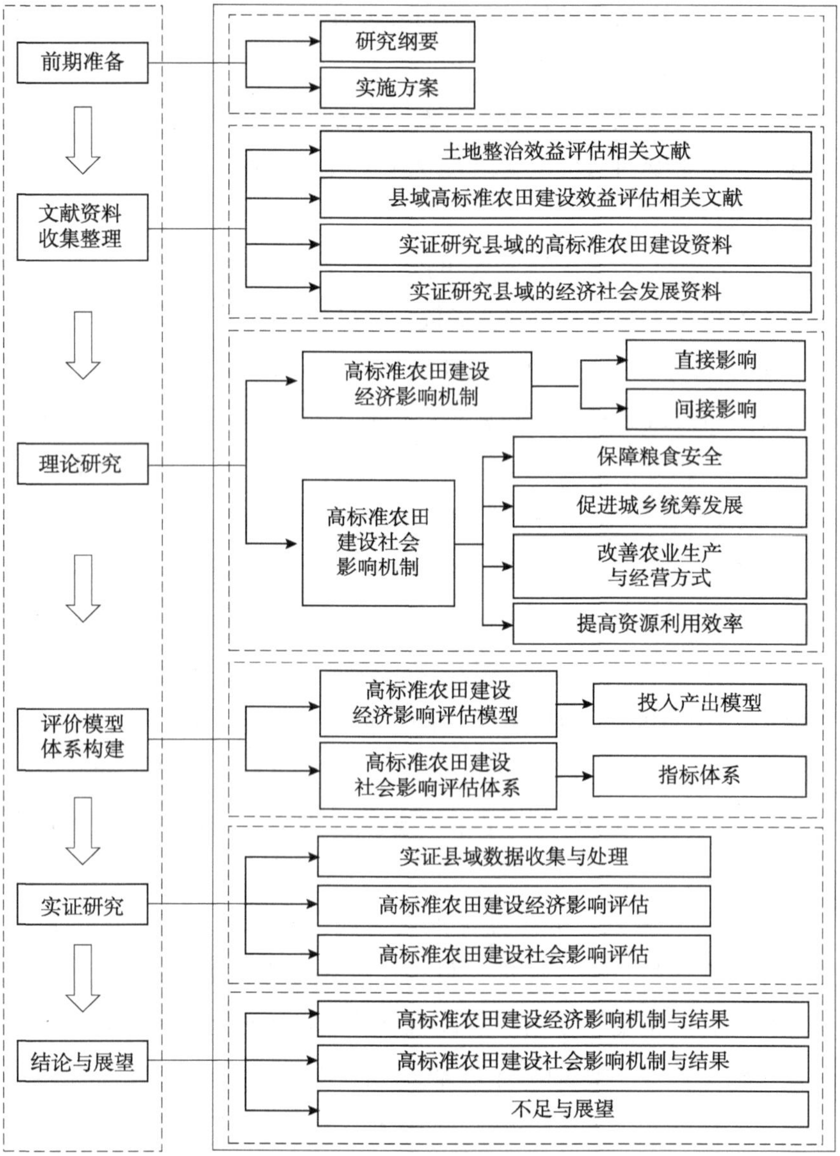

图 1－1　上篇研究的技术路线

第二章 高标准农田建设的内涵与功能

2.1 高标准农田的内涵

高标准农田是指一定时期内，通过土地整治建设形成的集中连片、设施配套、高产稳产、生态良好、抗灾能力强，与现代农业生产和经营方式相适应的基本农田。包括经过整治后达到标准的原有基本农田和新划定的基本农田。高标准农田除了与各地的耕地质量等级情况有关外，还与其城市化进程等因素有关。鉴于高标准农田旱涝保收的高产性要求，高标准农田均属于基本农田的范畴。

2.2 相关概念界定及辨析

2.2.1 基本农田与一般农田

基本农田是一个具有中国特色的概念，国外相关文献资料中没有基本农田这一概念。1988 年，我国在湖北省荆州市监利县设立了第一块基本农田。1994 年，国务院颁布《基本农田保护条例》，在法律层面界定了基本农田的内涵。为了对基本农田实行特殊保护，促进农业生产和经济社会的可持续发展，1998 年新修订的《基本农田保护条例》（以下简称《条例》）明确指出，基本农田是按照一定时期人口和经济社会发展对农产品的需求，依据土地利用总体规划确定的不得占用的耕地。《条例》规定，任何单位和个人不得改变或者占用基本农田。国家重点建设项目确需占用基本农田的，必须经国务院批准。经国务院批准占用基本农田的，当地人民政府必须补划数量和质量相当的基本农田。一般农田是指基本农田以外的耕地。

《条例》规定，在编制土地利用总体规划时，要明确基本农田保护的布局安排、数量指标和质量要求，划定的基本农田应当占本行政区域内耕地的80%以上，具体数量须根据全国土地利用总体规划逐级分解下达。同时，规定经国务院有关主管部门或者县级以上地方人民政府批准确定的粮、棉、油生产基地内的耕地，有良好的水利与水土保持设施的耕地，正在实施改造计划以及可以改造的中、低产田，蔬菜生产基地，农业科研、教学试验田，以及铁路和公路等交通沿线、城市和村庄、集镇建设用地区周边的耕地，应当优先划入基本农田保护区。

划定基本农田，是为了对基本农田保护区的耕地实行特殊保护，以实现国家粮食安全的目标。根据全国农用地（耕地）质量分等及相关成果，优、高、中、低等耕地面积占全国耕地评定总面积的比例分别为2.67%、29.98%、50.64%和16.71%，耕地质量总体偏低。划定的基本农田面积应占耕地总面积的80%以上，这就决定了基本农田不可能全是优高等耕地（王洪波等，2011）。从这个意义上讲，基本农田又不同于国外研究中的重要农地。同时，也在工作层面提出了对划入基本农田但由于存在限制因素而导致质量较低的耕地进行改造和建设的要求。

2.2.2 高产稳产田、高标准基本农田和高标准农田

1963年12月，邓小平在关于制定农业长期规划的指示中，提出分两步建设十亿亩高产稳产农田的设想。1964年3月全国农业长期规划会议上，确定了“三五”期间农业的首要任务是建成五亿亩高产稳产农田。1977年7月全国农田基本建设会议指出，到1980年实

现人均一亩旱涝保收、高产稳产基本农田（聂庆华等，1999）。这一时期，一些学者围绕高产稳产农田的建设意义、建设标准、建设途径、建设重点进行探讨。李根良（1992）从地理学角度提出了高产稳产田的标准：旱涝双丰收，能抵抗十年一遇的旱涝灾害；以有机肥为主，施肥充足；科学种田，精心管理，提高农业机械化水平；土壤深厚达80厘米以上；合理轮作。所谓稳产、高产是相对于产量不稳定、低产而言的，具体来讲，稳产是能达到旱涝保收、抵御一定自然灾害的程度，即抗旱、排涝、防洪能力；高产是指在一定的时期内，所能达到较高的产量，在20世纪60年代产量达到全国农业发展纲要指标的（在黄河、秦岭、白龙江以北地区，粮食亩产达到200千克；黄河以南、淮河以北地区，粮食亩产达到250千克；淮河、秦岭、白龙江以南地区，粮食亩产达到400千克），就算是高产。如今，亩产千斤都算不上高产，可见高产具有时代性，且是动态的。高产和稳产有十分密切的关系。首先，没有稳产就不可能保证高产，稳产是基础；其次，没有高产就不能有效发挥稳产的作用。

原农业部发布的《高标准农田建设标准》（NY/T 2148—2012）指出，高标准农田是指土地平整，集中连片，耕作层深厚，土壤肥沃无明显障碍因素，田间灌排设施完善，灌排保障较高，路、林、电等配套，能够满足农作物高产栽培、节能节水、机械化作业等现代化生产要求，达到持续高产稳产、优质高效和安全环保的农田。

高标准基本农田的概念来源于高产稳产田和基本农田。由原国土资源部发布的《高标准基本农田建设标准》（TD/T 1033—2012）指出，高标准基本农田（Well - Facilitated Capital Farmland）是一定时期内，通过农村土地整治形成的集中连片、设施配套、高产稳产、生态良好、抗灾能力强、与现代农业生产和经营方式相适应的基本农田，包括经过整治后达到标准的原有基本农田和新划定的基本农田。因此，首先要强调高标准基本农田的一般属性，除国务院同意外，其他任何单位和个人不得随意占用；其次要强调高标准基本农田要通过建设来克服其自然质量方面的不足，达到高产稳产的目的。

另外，对高标准基本农田的最根本的要求是，要与现代农业生产和经营方式相适应，提高对发展现代农业产业体系的综合支撑能力，为现代农业的发展打造物质基础。

《高标准农田建设通则》（GB/T 30600—2014）指出，高标准农田是指土地平整、土壤肥沃、集中连片、设施完善、农电配套、高产稳产、生态良好、抗灾能力强、与现代农业生产和经营方式相适应、按照规定划定为基本农田的农田。这一定义是对高标准农田的最新解释，与《高标准基本农田建设标准》（TD/T 1033—2012）中“高标准基本农田”的内涵较为接近，同时兼顾了《高标准农田建设标准》（NY/T 2148—2012）中“高标准农田”的特征描述。

总体来说，从作物生长对环境条件要求的角度看，上述相关概念在本质上并没有明显区别。只是因为政府部门工作职责既有分工，又有交叉，使政府的不同部门为推动本部门工作时，对其赋予了不同的内涵。

2.3 高标准农田的基本特征

高标准农田，首先是耕地质量良好，对当地主要栽培作物生长没有限制条件，才能够保证高产稳产。因此，参考农用地质量分等及相关成果，将耕地质量优、区位条件好的耕地优先作为高标准基本农田建设的区域。其次，高标准农田还要求布局稳定，在土地利用总体规划确定为“农转非”的耕地和有可能被非农建设占用的耕地，不应是高标准农田，以防止高标准农田“先建后占”造成“过程性浪费”现象的发生。再次，高标准农田应与现代农业生产经营方式相适应，以实现优质农田的高效利用。最后，高标准农田必须是可持续利用的，即根据资源环境的承载能力来确定合理的种植制度及其与之相适应的灌溉排水等基础设施。

另外，由于我国区域资源禀赋和经济社会条件空间差异显著，高标准农田的“标准”作为衡量农田建设效果的指标，受地理环境、历史基础、现实生产条件等多重因素影响，还具有区域性、相对性、动态性等特点。①区域性。农田利用及建设条件在地区间存在着天然的地域差异，并在农田的长期利用、管理过程中逐渐形成了明显的区域类型化和不均衡性。在进行高标准农田的标准制定时，一定要从区域内主要栽培作物对土壤质量、农田基础设施的客观需求出发，设定凸显区域特征的标准。②相对性。人类对事物发展演化规律的认识具有相对性，在一个相对认知的基础上，高标准农田标准也具有相对性；同时，由于区域空间差异显著，很难用统一标准来评价不同地区的高标准农田建设水平。依据区域的自然地理背景和经济社会发展水平，考虑评价数据的可获得性，建立用于评价具体区域高标准农田建设的指标体系，反映的是高标准农田建设的相对"高标准"。③动态性。高标准农田系统是具有时空变化的复杂系统，即同一地区在不同的发展阶段其标准也存在较大差异。此外，随着科学技术进步、区域经济实力的增强，农田的"高标准"也在不断提升，包含的内容也在日益扩充。

2.4 高标准农田建设的内涵和功能

2.4.1 高标准农田建设的内涵

高标准农田建设是指依据土地利用总体规划和土地整治规划，通过土地整治等方法，对农田进行土地平整和田间水利设施、田间道路、田间防护林等建设，按照"田成方、林成网、渠相通、路相连、旱能灌、涝能排"的要求，使土地更加平整，灌排设施更加完善，路网林网更加科学便利，田块集中连片程度更高，生产能力增强，耕地质量得到提高的土地整治活动（费建波等，2016）。

高标准农田建设的要点主要体现在五个方面：一是优化土地利用结构与布局，实现集中连片，发挥规模效益；二是增加有效耕地面积，提高高标准农田比重；三是提高农田质量，完善田间基础设施，稳步提高粮食综合生产能力；四是加强生态环境建设，发挥生产、生态的综合功能；五是建立保护和补偿机制，促进高标准农田的可持续利用（王文浩，2013）。

2.4.2 高标准农田建设的功能

（1）保障国家粮食安全的功能

耕地是粮食生产的首要资源。由于我国人均耕地面积小，后备资源不足，且分布不均匀，从长远来看，耕地减少的趋势不可避免。大力推进高标准农田建设，能切实提高耕地的基础地力，实现藏粮于土，对提高粮食综合生产能力，实现粮食稳定增产具有重要的基础作用。因高标准农田具有粮食单产水平高、抗灾能力强、产量稳定等特点，特别是在粮食主产区和平原区实施高标准农田建设，可以有效保障国家粮食生产的总量安全，因此它是确保国家粮食安全的重要物质基础。

（2）保护生态环境的功能

目前我国耕地不但数量在减少，而且质量也在下降，生态脆弱与环境污染加剧的矛盾显得更加突出。《全国国土规划纲要》已把耕地质量提升作为生态环境建设的内容，要在耕地产能提高的基础上保证其清洁、安全，建成后通过质量等级调查对耕地予以分等定级评价，并对所含元素进行检测和评定，以保证耕地资源的可持续使用。由于农业生产面临着多种自然灾害，直接或间接地影响和制约了农业生产的发展，农田生态及防护系统薄弱，导致了农业抵御自然灾害能力的降低。由于高标准基本农田建设是由水利、土壤、作物、耕作、田间道路、农田林网，以及小气候等多种因素组成的综合生态复合系统，其在科学、合理规划的基础上，建立的与之相配套的农田灌溉系统、农田防护系统是整个农田生态系统中的重要组成部分，如农田防护林不仅能减轻风沙直接危害农田，同时具有调节农田小气候、改善农田生态环境、对保护农田作物起着不可替代的作用（于帝平等，2006）。因此，高标准农田建设为保护生态环境和生态文明做出了重要贡献。

(3) 社会保障的功能

农田是农业生产的基础，基础强则农业丰，农业丰则农民富，农民富则社会安。高标准农田的建设在保障粮食安全的同时，也发挥着为农民提供就业、增加收入的功能。当农民没有非农就业机会，无法获得非农收入和财富积累及社会保障体系不健全时，很大程度上要依靠耕地收入来保证其基本生活水平，同时把耕地作为抵御社会风险的基本手段。而高标准基本农田的建设，有效地提高了土地产出率、资源利用率和劳动生产率，能实现粮食和经济作物全面丰收，提高了农业的综合效益，不仅满足了农民最基本的生存需要而且还实现了粮食增产、农业增效、农民增收的三大目标，为农村经济社会的和谐安定和全面发展奠定了基础。

(4) 文化、教育、旅游功能

高标准农田的建设不仅仅是基础设施等硬件的建设，还融入了人文建设，实现了农田的文化、教育和旅游功能。由于高标准农田规模大，科技含量高，加之某些高标准农田具有独特的区位和景观优势，农业旅游应运而生。高标准农田的旅游功能在新时期得到充分发挥，主要包括以下两个旅游方向：一是农业体验旅游，即通过开辟特色菜园、果园、大田等，让游客入园耕作、采摘，体验农民生活及农业生产劳动的过程，享用农业劳动成果，体会返璞归真的旅游方式。二是农田观光旅游，即通过深入挖掘高标准基本农田具有的优美自然风光及独特的人文风景，使游人远离压力、摆脱快节奏的生活方式，达到彻底放松身心的旅游方式。

第三章　高标准农田建设经济社会影响机制分析

3.1　高标准农田建设经济影响机制分析

县域经济是指在一个县级的行政区域内，以产业经济为中心，以小城镇为纽带，以广阔农村为基础，以广大农民为主体，按照国家宏观经济发展和调控的要求，根据县域条件和优势，实现第一产业、第二产业、第三产业协调和全面发展，具有地域特色、功能完备的区域经济系统。简而言之，“县域经济就是以县级行政区划为界，以县级政府为主要推动者，以市场为导向，优化配置资源，功能完备且具有地域特色的区域经济”（刘福刚，2004）。

高标准农田建设对县域经济发展的影响是指经济主体围绕保障农业综合生产能力和粮食安全的目标，通过投入资金、劳动、技术等要素把农田改造成为高标准农田，从而获取了经济价值。经济效益是项目区农地整治和实施高标准农田建设时要考量的首要指标，也是其投资的出发点和主要归宿之一。高标准农田建设对县域发展的影响主要体现为在一定的投入前提下，积极提高农作物产量，实现经济效益最大化（王玥，2014）。

3.1.1　高标准农田建设投资与经济增长的关系

投资是指特定经济主体在一定时期内向一定领域投入资金或实

物的货币等价物，目的是在未来可预见的时期内获得一定的收益或者资金增值的经济行为。经济增长指一个国家或地区所生产的物质产品和服务的持续增加，包含两层意思，一是经济总量增长；二是经济结构的协调。本篇中所指经济增长泛指经济总量的增长，以国内生产总值 GDP 来反映。

从已有的文献资料总结分析，投资与经济增长的关系主要分为三个观点（王军，2000；黄萍，2009）。

第一，投资是国民经济的一部分，其对经济增长的影响主要通过投资需求效应和供给效应体现。投资的需求效应通过运用货币资金购买物资和支付工资从而引起国民经济需求总量增加来实现，是从需求角度拉动经济增长，一般与投资过程同时产生；投资的供给效应是投资期结束投入生产后，为生产提供劳动资料，再与流动资金相结合，通过生产劳动，生产出产品，随之刺激其他相关产品生产增加，从而引起国民经济供给总量增加，是从供给角度拉动经济增长。

第二，经济增长会影响投资对经济的拉动作用。投资规模的大小决定于上一期的经济增长水平以及国民收入累积率，投资规模及其占国民经济的国民产出的比例受经济增长水平的制约。但也不可否认，这一期的投资又会影响下一期的经济增长。

第三，投资与经济增长从整体趋势上来看，起伏趋势相同，即出现同起同落的现象，且经济增长波动幅度小于投资增长幅度，表明经济增长对投资增长具有依赖性。

以上观点各有其成立的社会和经济背景，但从经济发展的总体来看，投资和经济增长的关系是相互促进、相互制约的，经济增长是扩大投资的基础，而投资增长又是经济增长的必要前提。经济所处的社会背景不同、经济发展的阶段不同以及投资结构的不同，都会导致投资与经济增长关系的变化，不过可以明确一点，适时、适当、合理的投资结构、投资规模和投资方向对经济增长具有拉动作用。

高标准农田建设投资包含项目建设过程中投资与建成后投资，均具有一定规模，故而将产生一定的经济效应，其必然会对项目所在区县乃至更大空间范围内的农业产值、居民收入与消费，以及相关产业的发展产生影响，从而拉动国民经济增长。

3.1.2 高标准农田建设投资的乘数效应

投资乘数是指当总投资量增加时，所得之增量将 K 倍于投资增量，其中 K 即为投资乘数。

投资之所以具有乘数效应，是因为国民经济各部门是相互联系的，其作用过程可以描述如下：当某部门投资增加时，首先，会引起对资本品需求的增加，进而导致资本品生产的增加和资本品部门就业与收入增加；其次，在资本品生产增加的基础上，消费品的需求也会增加，因而消费品部门的就业与收入也增加；再次，在资本品和消费品部门收入增加的基础上，则会促进服务业经营规模扩大；最后，资本品、消费品和服务业经营扩大必会引起投资的进一步增加。如此循环，会使国民经济成倍增长（张志敏，2003）。

高标准农田建设投资作为农业部门的投资重点，其投资量的改变会对建设项目所在区县的经济发展产生乘数效应：①水泥、铁钉、沥青、水柏油等产品的需求量将随之改变，从而建筑部门的就业与劳动报酬也将改变；②劳动报酬的改变将促使消费量改变，因而消费品部门的就业与收入也将改变；③在建筑部门和消费品部门收入改变的基础上，服务业经营规模也将被改变；④建筑材料、消费品和服务业经营改变必会引起投资的进一步改变。如此循环，会使县域经济成倍增长。

3.1.3 高标准农田建设对县域经济的拉动作用

基于以上分析，结合已有的研究理论，本篇将高标准农田建设项目投资对县域经济的拉动分为直接拉动和间接拉动两部分（见图 3－1）。

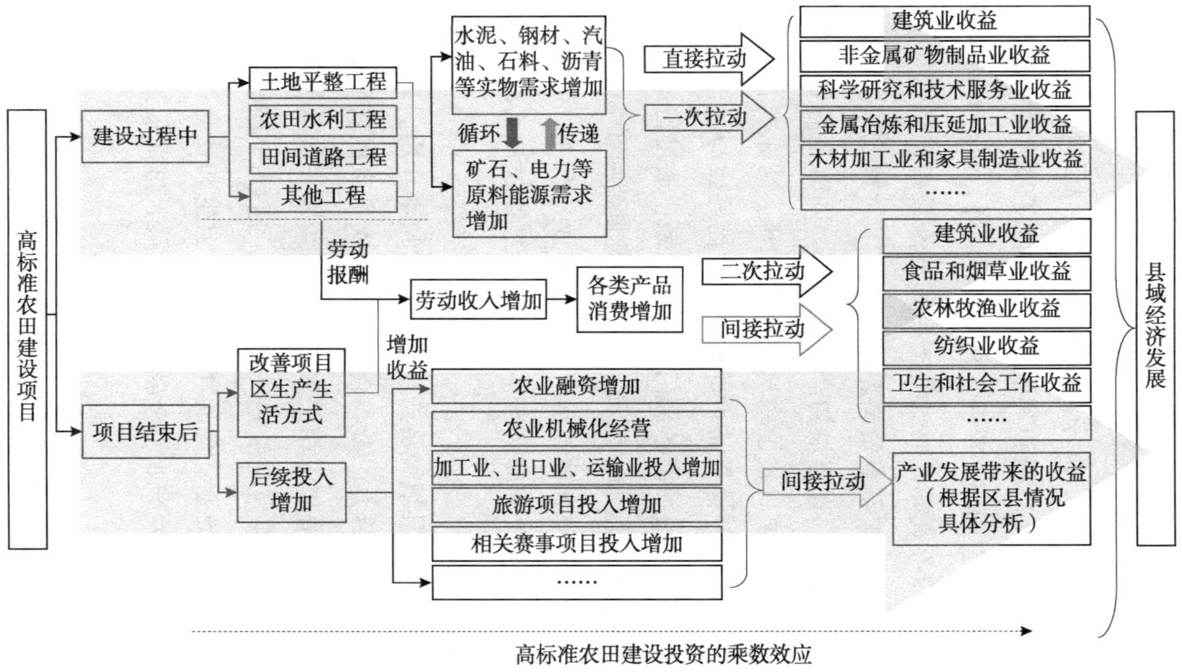

图 3－1　高标准农田建设对县域经济的影响机制分析

3.1.3.1 直接拉动作用

高标准农田建设对县域经济的直接拉动作用又分为第一次拉动和第二次拉动两个方面。

① 通过项目建设过程中实物需求对县域经济产生的第一次拉动作用。高标准农田建设是一项综合性的工程，包括土地平整工程、农田水利工程、田间道路工程和其他工程等，除了项目建设过程中一个单位的投资会引起国民经济一个单位的增长外，还会消耗水泥、铁钉、沥青、水柏油等资源，而这些产品并不是最初产品，其生产过程中需要消耗电力、矿石等资料，进而加大了对其他相应部门的需求，如此传递、循环，直至最初产品的生产，同时也需要消耗一定的中间产品才会转为项目建设中所使用的材料。高标准农田建设活动的开展引起了水泥等材料需求的增加，进而导致与建设相关行业需求的增加，由于国民经济各部门之间的联系，通过传递会引起一系列相关产业需求的增加，例如，建筑业，非金属矿物制品业，科学研究和技术服务业，农林牧渔产品和服务业，石油、炼焦产品和核燃料加工品业，租赁和商务服务业等等，最终拉动县域经济成倍增加（管栩，2013）。

② 通过劳动报酬对县域经济产生的第二次拉动作用。高标准农田建设活动需要大量的劳力，参与项目建设的人员可以获得劳动报酬，即高标准农田建设增加了相关人员的收入。相关人员使用增加的收入进行消费，可以视为对相关产业的投入，通过产业链的传递，拉动农林牧渔产品和服务业、食品和烟草业、卫生和社会工作相关产业、交通运输设备相关产业、金融业等的发展，进而促进国民经济的增长。

3.1.3.2 间接拉动作用

高标准农田建设项目结束后，其产生的效益能对国民经济进行间接拉动，主要表现在以下两个方面。

① 改变项目区生产生活方式，所带来的收益增加转变为县域农

民的新增收入，进而促进消费，对经济产生新一轮拉动作用。进行高标准农田建设，有效地增加了耕地面积，提高了耕地质量，改善了农村生产条件，推进农业规模化和产业化经营，使农业生产产值增加，居民的消费水平提高，从而拉动当地经济增长，居民消费所带动的产业与直接拉动中第二次拉动所涉及的产业相同。

② 项目建设结束后，可能引起相应的后续投入，高标准农田建设作为基础平台对县域经济产生持续拉动作用。第一，有利于农业融资。耕地规模化、集约化、产业化生产，为投资项目创造了条件，有利于引进社会资本，解决农业生产资金不足的问题，也为农业的可持续发展提供了潜力。第二，降低了农民的投入压力，完善的农田基础设施有利于开展机械化经营，且遵循“谁投入谁受益”的原则，有利于保障企业的效益。第三，农业结构调整为当地农产品加工业、出口业、运输业等相关产业改善了条件，带动其后期资金投入与产业发展，并能带动当地旅游业发展（关涛等，2005）。

3.2 高标准农田建设社会影响机制分析

高标准农田建设是一个复杂的社会有机系统，通过对农业的扶持，带动县域生活基础设施建设，根据县域的整治规划，加大对基础设施建设的投入，提高县域粮食产量，保护农民切身权益，提高农民生活水平。高标准农田建设的社会影响机制具体分析如下（见图3－2）。

3.2.1 保障粮食安全

目前我国粮食需求与日俱增，基本农田的生产能力还处在较低水平，不能保证旱涝保收，不能满足人民对粮食的需求。加快推进高标准农田的建设有助于缓解粮食需求压力，保障粮食安全。建立高标准农田，通过土地平整、田块合并、完善灌排设施、整理田间道路等方法，提高土地的生产能力，达到高产稳产的生产水平。高

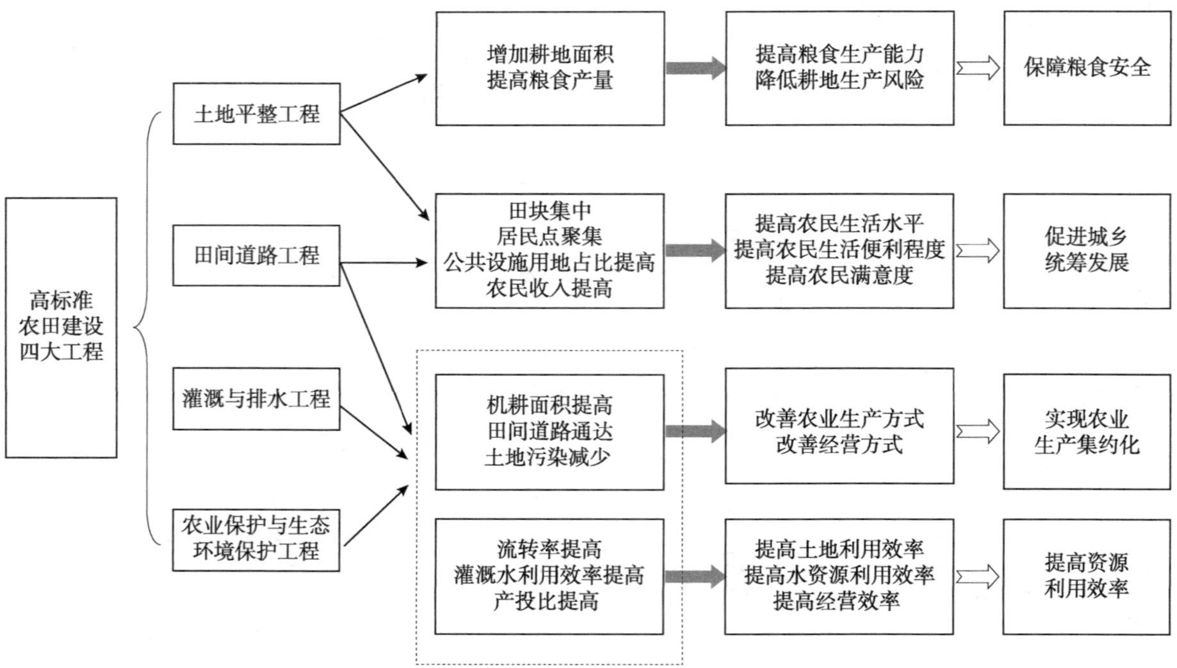

图 3－2　高标准农田建设对县域社会发展的影响机制分析

标准农田的建设是以土地整治的资金投入、人力投入、技术应用和现代化管理方法应用为基础，让整治区域中的田块的产量提升，激发农民的种植意愿，提高种植热情，从而提高农户收入。在农民满足了自身饮食需求的基础上，自主自愿地加大生产要素的投入，改变原有低效的生产方式。

同时，提高粮食产量还依赖于高标准农田较高的抗灾抗害能力。我国一些土壤肥沃地区的土地，生产能力虽高，但很容易受到自然灾害的影响。高标准农田的建立，通过科学的土地整治方法，实现方形田、沟渠结网、田间路路相通的农田建设模式，并通过建设新型机器耕种道、排水沟渠、灌溉沟渠和田间交通道，全面改进农业生产操作方式，从而达到对自然灾害的预防。

本篇将保障粮食安全归结为两个方面：提高粮食生产能力和降低耕地生产风险。

3.2.1.1　提高粮食生产能力

高标准农田建设，通过土地平整、加强农田配套基础设施建设等方法，带来最直接的影响就是提高粮食产能。改变以往农田劣势条件，配合科学的防灾防害的方法，提高各种作物的生产能力。我国虽然耕地面积广，但人均耕地面积少，而且优质耕地缺乏，部分地区的农地受灾害影响严重。粮食产能的提高是高标准农田建设最核心的目标，根据我国粮食安全战略，提高每亩作物的生产能力，保证作物的高产稳产是保证粮食价格稳定的基础，是促进社会稳定的重要途径。实现耕地资源的利用和保护，促进耕地资源的可持续利用，保障国家粮食安全。

粮食产能的提高，首先解决农户的基本饮食需求，同时，农户将更多的粮食出售，使自己的收入提高，从而带来更深一层次的影响，即根据收入情况做出将生产资料再投入的选择或者进行合理投资消费，产生创收的良性循环。

我国虽然地域辽阔，但高效的耕地面积并不充裕，人均耕地面积距世界平均水平还有较大差距，这严重限制了我国农作物的总产量。高标准农田建设，通过田块合并、田间道路重划、设施重置等方法，以增加产量和耕地面积为核心，将土地重新整治分类，形成科学的农地布局，增加耕地面积。同时，在重新规划整治过程中，将有纠纷争议的地块重新划分，将废弃或受灾害严重影响的地块进行复垦，增加可利用的耕地。通过科学知识的传播，设定最合理的种植密度，提高耕地的使用效率。高标准农田建设过程中将处于荒废状态的道路、沟渠、损毁的防护林、废弃的坑塘、坟墓等整治恢复成直接生产用地，并通过土地平整、小田并大田、权属调整、田块规整等措施，减少田坎占地面积，充分利用耕地中难以利用的边角地，都会新增耕地面积（张正峰等，2002）。

3.2.1.2　降低耕地生产风险

我国人多地少、耕地资源匮乏、耕地后备资源不足。随着经济社会的发展，城镇化建设还要占用更多的耕地，耕地资源的稀缺性更为突出。同时，对耕地的不合理利用，致使耕地质量下降，生态环境恶化。耕地质量直接影响耕地的生产能力、粮食产量，以及粮食安全问题，造成耕地生产风险过高。而高标准农田建设通过土地整治、营养灌溉可以增加耕地数量，提高耕地质量，改善农业生产条件，提高土地生产力，降低耕地生产风险，形成更大面积的旱涝保收农田。

3.2.2　促进城乡统筹发展

高标准农田所带来的社会影响还体现在促进城乡统筹发展上。目前，我国农民的生活水平远不及发达国家，无论收入、医疗、教育、就业等方面，都亟须提高。高标准农田在建设过程中，通过政府的扶持和投入，提高农民的收入，规范农村区域建设，不断完善基础设施建设，从多方面改善农民的生活水平。

高标准农田建设并非单一地对农地进行整治，更多的是对整个县域进行科学的整治规划，在提高农民收入的基础上，综合农民的意愿和利益，保障农民的根本权益。在满足农民基本需求层面的基础上，形成与之配套的基础设施，加大在农村医疗、教育等方面的投入。对农民加强职业技术和先进文化的培训，改变原有落后的思想，使农民自主自愿地提高消费水平，满足精神层面的需求。

在进行高标准农田建设过程中，土地平整、田块合并，必将带来土地的合理流转，农民能享受到土地合理流转带来的收益。参与高标准农田建设项目过程中的施工，也能使农民分享到非农就业带来的收入，改变其原有的保守落后的思维观念，尝试更多的就业渠道。高标准农田的建设有助于解决农村剩余劳动力的就业问题。现代化农业的机械化程度越高，所需的劳动力越少，农民通过整治过程中非农收益的获取，改变自己的就业方向，是对自身生活水平提高的验证，从而促进城乡的统筹发展（信桂新等，2017）。

3.2.2.1 提高农民收入水平

提高农民收入是高标准农田建设最核心的目标之一。通过提高粮食产量，直接使农民的收入增加是最直接的影响。间接的影响是农民在满足自己饮食等基本需求之后，会将自己富余的生产资料进行选择性的再投入，这里包含继续加大种植的要素投入和非农就业的要素投入，以及为满足自己精神层面的需要，进行合理科学的消费。同时，收入的增长会让百姓有意愿去为自己的知识和技能进行投资，拓宽自己的视野，提高就业能力，掌握更多创造财富的技巧，甚至愿意走出农村，出外务工或创业，获得更多收入。

3.2.2.2 提高农民生活便利程度

高标准农田建设绝不是单一地对农地进行规划整理，更强调对整个整治区域中的土地进行综合整治。未经整治的土地中，部分田块和居民点过于零散，严重影响农民的生活便利程度，降低农民的耕种效率。高标准农田建设过程中将零散田块进行合并，居民点进行集中，提高公共设施用地占地比率，从根本上提高了农民生活便利程度。

3.2.2.3 提高农民满意度

高标准农田建设提高农民综合满意度的原因是多方面的：首先，高标准农田运用现代农业技术提高了农产品的产出，提高了农作物的综合生产力，在保障粮食安全的同时也为农民带来了可观的收入，提高了农民的生活水平。其次，长期以来，传统农业多采用精耕细作的耕作方式，所耗费的人力物力较大，农耕技术相对落后，抵抗自然灾害的能力较弱，农产品的耕种多依赖于自然环境，自然灾害来临时经常造成农民入不敷出，严重影响了农民的生活水平，而高标准农田则集农田保护、农田水利设施的建设、农业示范、农耕体验、农业科普知识教育、农业观光旅游、农业娱乐项目于一体，不再局限于通过提高农作物产量来增加农民收入，还把农业生产体系发展壮大，多元化的开发农业资源，提高了农业资源的含金量。

3.2.3 实现农业生产集约化

随着经济的不断发展，在促进城市化进程和经济发展的同时，农地原来的生态系统发生了巨大变化，也带来一系列新的生态矛盾和问题。生态安全是土地生态建设可持续发展的核心和基础，没有生态安全，就不可能实现可持续发展。目前造成我国农业生产环境恶化的原因，主要有以下四个方面：第一是毫无限制地开发、引进一些企业，企业的一些行为对生态环境带来破坏，同时，农药残留的排放也给水源和土地带来不可估量的危害。第二是过分追求农作物产量和高利润，施肥过度，破坏和污染土地，降低农作物的产量和安全系数。第三是受传统观念的影响，许多农民焚烧秸秆，并使用污水灌溉，最后造成土地污染。第四是农业区的定位不明确，耕地保护措施没有落到实处，防护强度不够，污染问题得不到解决。虽然高标准农田的建设也追求农产品的高产量和高利益，但这些追求都是以保护农业环境和农业条件为前提的。在高标准农田建设过程中，对肥料的选取，采用无公害的有机肥而不依赖化学农药，在保护土地的同时保障农业生产条件和农产品的质量，进一步加强农业食品的安全性。同时，避免以往传统农户秸秆焚烧、污水灌溉等污染环境的农业生产行为。这也表明高标准农业对农业功能区的清晰定位，也就是在保护环境的前提下，采用机械化和生态化的手段进行生产，实现最大限度的环境友好型农业生产。

通过高标准农田的建设，会对农业的生产条件带来巨大改善。一方面，通过科学知识传播和国家对农村的机械等要素的投入，加强了农业机械化建设，使农业机械化生产的效率稳步提升，改善了农业生产的条件，节约了农业生产中的人工和物资，提高了农业生产的效率；另一方面，农业水利设施和灌溉设施作为整个农业生产体系中的重点内容，实现了农业水利的调配和农业灌溉的改进，有利于在旱涝时期防洪抗旱，抵御旱涝等自然灾害带来的农业损失，也有利于农作物及时的水源补给和合理灌溉。高标准农田设施完备、农电配套的特点对于自然条件较好的地区来说是一种有力的助推力，对于那些由于自然条件限制农业发展的地区来说则是一种改良手段，为这些农业条件受限的地区找到了突破口。所以，就整个农业生产体系来说，高标准农田建设在改善了受限地区农业生产条件的同时，还缩小了农业受限地区与农业发达地区的差距，实现了全国各个地区的农业生产条件的均衡发展，增强了全国农业的抗灾防灾水平。同时，通过土地的综合整治，促进县域农村土地的合理流转，也使农业科技的贡献效率得到提高，实现农业机械化的目标，从而改善农村的经营方式（王瑗玲等，2006）。

3.2.3.1 改善农业生产方式

高标准农田的建设必然带来农田配套基础设施的逐步完善，因为高标准农田形成的前提就是较为完善的基础设施。从国家各级政府层面到农村集体层面，都需要加大对配套基础设施建设的投入，这是保障农田增产的重要条件。

经过土地平整、田块合并等工程，拓宽田间道路的通达程度，新增和改善节水灌溉设备，完善排水系统功能，同时提高现代化机械的使用程度和水平，不断丰富土壤的营养成分，在节省劳动力的同时，实现农地的高效高产。提高农业机械化也是实现现代化农业的重要途径，改变以往落后的种植方式，提高种植效率，从而促进固有生产方式的突破（黄辉玲等，2012）。

土地是城镇化发展与粮食安全的基础，而对于经济较为发达的地区，人地矛盾尤为突出，因此，这类地区未来土地利用的方向应是发展节约集约农业。高标准农田建设就是要促进农业生产的规模化和机械化。通过高标准农田建设，对土地进行规模化管理，这不仅有利于发达地区的耕地保护，提高人们的耕地保护意愿，也是改善农村生态环境，提升农村生产、生活的质量的契机。高标准农田建设追求土地的复合利用，节约集约用地，帮助县域实现土地开发利用的平衡和稳定。

3.2.3.2　改善经营方式

高标准农田建设，通过土地综合整治、田块合并等工程，促进农村土地流转，农民按照自己的意愿，合理经营土地。通过有效、统一的管理方式，优化土地资源管理，实现耕地的集中连片。高标准农田的建设有利于提高基本农田质量，增加有效耕地面积，完善田间水利、交通、电力等基础设施，提高农田抗灾抗害能力。同时，加大对机械种植的投入，推广农业科技种植设施，改变农民落后的经营方式，将经营收益最大化。提高农民使用农业科技设施的意愿，并愿意加大对农田的科学投入，形成良性循环。

3.2.4　提高资源利用效率

提高资源的利用效率关键在于发展农业的同时，大力保护生态环境、珍视土地资源、提高自然灾害抵御能力。高标准农田的建设可以解决农作物产量受自然灾害影响、农村经济增长后劲不足等问题。而且，高标准农田是一种环境友好型的生产模式，既可以节约集约用地、改善农田生产环境，也可以抵挡自然灾害侵袭、提高农田产量，达到高产稳产、旱涝保收的理想状态。高标准农田提高资源利用效率的影响机制可以归纳为以下三个方面。

3.2.4.1　提高土地利用效率

在土地的使用过程中，促进综合效益最优是土地整治的核心目的之一。高标准农田建设，通过平整土地、田块归并，将原有零散的、利用不充分的土地重新整合利用，根据土地自身特性，科学利用，合理种植，降低种植成本，提高土地的生产能力，促进形成高效稳产、旱涝保收的高标准农田。通过土地利用结构调整，增加有效耕地面积。未经过土地整治的农村地区，各种类型用地往往交错分布，高标准农田建设中，还包括对土地利用结构的优化配置，将与耕地交错分布、地块面积小、布局散乱、利用率和产出率低下的园地、林地、坑塘水面或其他用地按高标准农田的标准整理成高效的可利用地（张正峰等，2002）。

3.2.4.2　提高水资源利用效率

高标准农田建设中，包括对农地用水的综合整治。完善农地灌溉及排水设施，提高水资源利用效率，在部分干旱地区，整治过程中要求完善蓄水、节水设施以及机井等，有效拦蓄天然降水及利用地下水。在水资源丰富地区，高标准农田建设通过兴建各种提水设施，充分利用地下水，从根本上提高灌水、排水条件，合理利用水资源。

3.2.4.3　提高经营效率

高标准农田建设后，有效耕地面积增加、土地生产能力提高、生产成本降低等，都直接影响到农户对土地投入与产出的比率，进而影响农民收入。土地整治后，由于土地生产条件的改善和综合生产能力提高，促使农民实行多元化种植，除种植粮食作物外，还发展一些高经济价值作物，如花卉、特色蔬菜等，提高经营效率，从而增加农民收入。

第四章　高标准农田建设经济影响评估

4.1　评价方法的比较与选择

高标准农田建设是一项综合性的社会工程，在微观层面上，高标准农田建设能提高项目区农民收入、促进当地农业投资、扩大居民消费，助推当地经济发展；在宏观层面上，高标准农田建设对国民经济的助推作用主要表现为投资与消费的乘数效应。本篇首先分析高标准农田投资对国民经济的助推作用，助推作用表现为两个阶段，第一阶段是高标准农田投资建设活动本身对国民经济的直接助推作用；第二阶段是高标准农田建设结束后，项目区生产生活方式、环境发生改变导致土地产能和人民消费水平的提高，以及其所带动的其他资金的投入，间接助推国民经济增长。

基于以上影响机制，本篇对比分析了指标体系综合评价法、可计算的一般均衡模型（CGE）和投入产出法三种方法对本篇的适用性，并从中选择投入产出法来计量高标准农田建设对县域发展的经济效益。

4.1.1　综合评价法

结合高标准农田建设的经济影响理论分析，综合运用访谈法、调查问卷法等方法确定可反映高标准农田建设经济效益的评价指标，构建有效的高标准农田建设经济效益的评价体系，并运用层次分析法（AHP）和模糊综合评价模型等方法来确定评价指标权重。该种方法在土地整治的经济效益评价中被广泛采用。

4.1.2 可计算的一般均衡模型（CGE）

4.1.2.1 CGE 模型原理

可计算的一般均衡模型（Computable General Equilibrium Model）是根据经济学家 Walras 的一般均衡理论建立起来的反映所有市场活动的经济模型，其基本思想为：生产者根据利润最大化或成本最小化原则，在技术约束下，进行最优投入决策，确定最优的供给产量；消费者根据效用最大化原则，在预算约束条件下，进行最优支出决策，确定最优的需求量；均衡价格使最优供给量与需求量相等，资源得到最合理的使用，消费者得到最大的满足，经济达到稳定的均衡状态。

CGE 模型可用一组方程来描述经济系统中的供给、需求以及市场关系（这些方程隐含了经济主体的优化决策），然后定义需要分析的目标政策变量并在此基础上求解这一方程组，得出各个市场在政策冲击下重新达到均衡时的一组数量和价格，以达到对目标政策进行分析和评价的目的。CGE 模型中一般包括商品的价格与数量、生产要素的价格与数量、制度变量（如政府制定的税率）、表示技术进步的变量、宏观变量五类变量。CGE 模型对经济系统进行描述的基本结构如表 4－1 所示。

表 4－1 CGE 模型的基本构成

供给		需求	供给关系
主体行为	生产者 = 国民经济生产部门 生产者追求利润最大化	消费者 = 居民 + 企业 + 政府 消费者追求效用最大化	市场 寻找使市场均衡的价格

续表

供给		需求	供给关系
方程	生产函数 约束方程 优化条件方程 生产要素的需求方程	消费者效用函数 约束方程 优化条件方程 产品需求方程 生产要素的供给方程	产品市场均衡方程 要素市场均衡方程 居民收支均衡方程 政府预算均衡方程 国际市场均衡方程
变量	商品价格与数量、生产要素价格与数量、制度变量、表示技术进步的变量、宏观变量		

对于生产者（用 i 或 j 表示不同的生产部门），其决策过程表现为选择适当的基本要素投入量 k（用 f 表示不同要素类型）和来自其他部门的中间投入量 x，并确定相应的产出量 y，使企业在现有的生产技术水平 φ 的约束下实现利润最大化，即：

$$\max_{y,x,k} \pi_i = P_i y_i - C_i(P_j, w_f, y_i) \tag{4-1}$$

$$\text{s. t.} \quad y_i = \varphi_i(x_{ji}, k_{fi}) \tag{4-2}$$

式（4－1）、式（4－2）中：y 表示产出量；π 是利润函数；x 表示中间投入量；i、j 分别表示不同的生产部门；f 表示不同要素类型；k 表示基本要素投入量；C 是成本函数；P 表示产品的价格；w 表示要素的价格；φ 表示现有的生产技术水平。

确定具体的生产函数形式 φ 后，求解上述最优化问题可以得到生产部门的产品供给函数、中间投入需求函数及要素需求函数。

对于消费者，其决策过程表现为选择适当的消费与储蓄结构，同时确定各种消费品在总消费支出中的比例，使消费者在给定预算水平 M 的约束下实现其效用函数的最大化，即：

$$\max_{d,s} W(d_i, s)$$

$$\text{s. t.} \quad M = \sum_f w_f K_f = p_s s + \sum_i P_i d_i \tag{4-3}$$

式（4－3）中：s 表示储蓄；d 表示最终消费需求；K 表示消费者所具有的总要素禀赋。

同生产函数一样，确定具体的效用函数形式 $W(d_i, s)$ 后，求解上述优化问题即可得到消费者的储蓄水平 s 及其对各种产品的消费需求 d。然后，CGE 模型通过一系列决定要素与产品市场均衡价格的市场出清方程来实现整个系统的闭合。以不考虑投资、政府及外贸的简化模型为例，上述市场均衡方程为：

$$y_i = \sum_j x_{ji} + d_i \tag{4-4}$$

$$K_f = \sum_f k_f \tag{4-5}$$

式（4－1）和式(4－5）描述了 CGE 模型的基本结构。在该框架下，不同的模型开发者根据研究对象的差别，采取不同的部门划分、家庭类型划分、资本划分、投入要素组合、生产函数形式、效用函数形式等具体建模技术与策略，从而产生大量形态各异的 CGE 模型。

4.1.2.2 社会核算矩阵（SAM）及其编制

CGE 模型的基础数据是社会核算矩阵（SAM），SAM 是一种经济核算表，是以经济系统运行的、矩阵式的、以单式记账形式存储的复式记账内容。它将描述生产的投入产出表与国民收入和生产账户结合在一起，全面刻画了经济系统的经济循环过程、特定年份某一国或某一地区的经济结构和社会结构等。且宏观的 SAM 账户较为常见，通常包含八个账户，都采用矩阵的形式来表达，行列各包括八个部门，分别为活动、商品、要素、企业、居民、政府、储蓄/投资和国外。常用的宏观 SAM 账户的含义有以下几个方面所述的内容。

① 活动账户的总产出等于地区商品销售总额，它的总支出则包括地区生产过程中购买中间投入、购买生产要素以及向地方政府所缴纳的税费。

② 商品账户的收入来源于其他账户对投资产品、中间投入产品、居民和政府消费品、出口商品的购买，它的支出则用于各种税费，包括关税、增值税、营业税、企业所得税等。

③ 要素账户收入来源主要反映劳动者从事生产活动所获得的全

部报酬和资本的收益及其分配，其支出包括分配给居民的劳动收入部分和分配给企业的营业盈余部分。

④ 居民账户反映了居民的各种收入来源，包括劳动报酬、经营性收入、转移收入，以及企业的利润分配等，其支出反映的是居民的各种消费项目、国外购买和储蓄等。

⑤ 企业账户的收益来源主要是政府的转移支付和企业的资本收益，其支出则用于税费的支出、企业结余、对居民分配利润，以及对国外的支付。

⑥ 政府账户的收入主要包括各种税费如关税、城市土地利用税、生产部门的间接税、企业所得税、增值税、耕地占用税，以及个人所得税，其支出则用于政府对商品的需求消费、政府的转移支付（企业、居民），以及政府的储蓄。

⑦ 资本账户的总收入包括外部资本流入、固定资本形成，以及储蓄来源，其支出则主要用于投资商品账户。

⑧ 国外账户的收入涉及商品出口、国外储蓄和经济性国际收入的转移，其支出主要是用于国外在所研究区域的储蓄、国外贷款、商品进口和购买所研究地区的商品。

至此 SAM 表中所描述的宏观经济核算在此得以闭合。

在矩阵中，要求每个账户的其他账户的购买或支出在对应账户中必须要有相应的销售或收入。行表示账户收入，而列表示账户支出，足以见得矩阵中的每个非零元素都具有两层不同的含义，具体的宏观 SAM 结构如表 4－2 所示。

表 4－2　宏观 SAM 结构

	活动	商品	要素	居民	企业	政府	资本	国外	总计
活动		总产出							总产出
商品	中间投入			居民消费		政府消费	投资	出口	总需求
要素	增加值								增加值

续表

	活动	商品	要素	居民	企业	政府	资本	国外	总计
居民			劳动投入		转移支付	转移支付			居民收入
企业			资本投入			转移支付			企业收入
政府	间接税			个人所得税	企业所得税				政府收入
资本				居民储蓄	企业储蓄	政府储蓄		国外储蓄	总储蓄
国外		进口			企业对外支付	转移支付			总进口
总计	总产出	总供给	增加值	居民支出	企业支出	政府支出	总投资	外汇收入	

以资金流量表、投入产出表和统计年鉴的数据类型为基础，结合上述宏观 SAM 的样本和高标准农田建设经济的基本特征，加上新引入的账户，笔者编制了适用于本篇的 SAM（见表4－3）。

4.1.2.3　CGE 模型构建与应用流程

构建与应用 CGE 模型的一般过程如图4－1 所示。首先，需要某一年的 SAM，这些数据从市场均衡的角度应当具有一致性，作为基准年的经济系统被假设处于均衡状态；其次，利用校准过程产生一组模型参数，使模型能够再现基准年的均衡数据，这也就是图4－1 中的基准年数据复制检验；最后，就可以进行政策（高标准农田建设）模拟，计算经济系统在外生政策冲击下的新的均衡状态。通过比较基准均衡与政策冲击均衡之间的区别，分析高标准农田建设的经济影响效果。

表 4－3　高标准农田建设 SAM 结构

		活动	商品	要素		居民		企业	政府	增值税	土地增值税	耕地占用税	储蓄投资	国外	高标准农田建设（活动）	高标准农田产出（商品）	总计
				劳动	资本	农村	城镇										
活动																	
商品																	
要素	劳动																
	资本																
居民	农村																
	城镇																
企业																	
政府																	
增值税																	
土地增值税																	
耕地占用税																	
储蓄投资																	
国外																	
高标准农田建设（活动）																	
高标准农田产出（商品）																	
总计																	

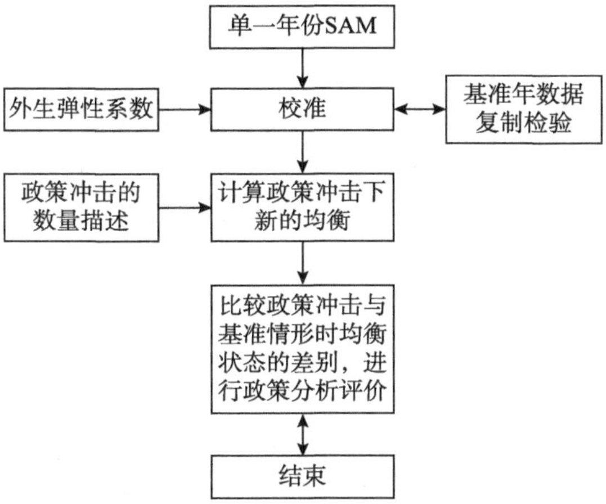

图4－1　CGE 的建模与应用的一般过程

4.1.3　投入产出法

投入产出法主要源于经济学家沃西里·里昂惕夫（Wassily W Leontief）于1936年提出的投入产出分析法，它是国民经济核算体系的重要组成部分。投入产出分析主要由两部分构成：投入产出表和投入产出模型，其基本思路是将某个经济体系各部门之间的相互关系通过一个线性方程组矩阵来描述，该经济体系中各个部门之间投入产出的转换关系则由方程的系数来反映（陈锡康等，2011）。

4.1.3.1　投入产出表

投入产出表是运用投入产出技术，将国民经济各个部门生产中投入的各种费用的来源和产出的各种产品和服务的使用去向，组成纵横交错的棋盘式平衡表，从而全面系统地反映国民经济各部门生产过程中相互依存、相互制约的经济联系。

根据不同的国民经济核算体系研究目的、研究对象和范围，需建立不同的投入产出表，本篇根据需要，采用支出法核算体系中的价值型投入产出表（见表4－4）进行相关研究。其基本编制方法为直接分解法，即从基层入手，由基层将其所生产产品的投入和产出

表 4－4　投入产出基本结构

		中间使用					最终使用										进口（流入）	其他	总产出
		部门1	部门2	……	部门 n	中间使用合计	最终消费					资产形成总额			出口（流出）	最终使用合计			
							居民消费			政府消费	合计	固定资产形成总额	存货增加	合计					
							农村居民消费	城镇居民消费	小计										
中间投入	部门1	X_{11}	X_{12}		X_{1n}	$\sum x_{1j}$										f_1	k_1	q_1	g_1
	部门2	X_{21}	X_{22}		X_{2n}	$\sum x_{2j}$										f_2	k_2	q_2	g_2
	……																		
	部门 n	X_{n1}	X_{n2}		X_{nn}	$\sum x_{nj}$										f_n	k_n	q_n	g_n
	中间投入合计	$\sum x_{i1}$	$\sum x_{i2}$		$\sum x_{in}$	$\sum\sum x_{ij}$										$\sum f_i$	$\sum k_i$	$\sum q_i$	$\sum g_i$
增加值	固定资产折旧	d_1	d_2		d_n	$\sum d_j$													
	劳动者报酬	v_1	v_2		v_n	$\sum v_j$													
	生产税净额	s_1	s_2		s_n	$\sum s_j$													
	营业盈余	m_1	m_2		m_n	$\sum m_j$													
	增加值合计	y_1	y_2		y_n	$\sum y_j$													
总投入		g_1	g_2		g_n	$\sum g_j$													

注：在本篇中，x_{ij}是高标准农田建设所涉及的生产过程中，第 i 部门作为中间产品向第 j 部门的投入量，同时也是第 j 部门对第 i 部门产品的使用量；f_i是第 i 部门产品最终使用的数量；k_i是第 i 部门产品进口的数量；q_i是第 i 部门其他；g_i是生产过程中第 i 部门的总产值；d_i是第 i 部门的固定资产折旧额；v_j是第 j 部门劳动报酬量；s_j是第 j 部门生产税净额；m_j是第 j 部门营业盈余；y_j是第 j 部门增加值总量；g_j是第 j 部门的总投入。

按照投入产出的部门分类原则，分别划归到不同的产品部门，直接得到各个产品部门的投入产出资料（国家统计局国民经济核算司，2012）。

（1）投入产出表基本指标解释

投入产出表主栏为投入栏，主要指标有中间投入、增加值、总投入，其中中间投入指高标准农田建设投资过程中，常住单位❶因生产或提供产品和服务而消耗和使用的所有非固定资产货物和服务的价值；增加值指常住单位生产过程中创造的新增价值和固定资产转移价值，包括固定资产折旧、劳动者报酬、生产税净额、营业盈余；总投入指高标准农田建设投资期内，研究区常住单位生产活动所投入的总费用，包括新增价值、被消耗的产品和服务价值、固定资产转移价值。

宾栏为产出栏，主要指标有中间使用、最终使用、总产出，其中中间使用指在高标准农田建设投资期内常住单位生产活动中消耗和使用的非固定资产货物或服务的价值，包括研究区国内生产和国外进口物品和服务的价值；最终使用指投资建设已经退出或暂时退出生产活动而为各种最终需求提供的产品和服务。根据使用性质可分为最终消费、资本形成总额、净流出三部分；总产出指研究区常住单位在建设期内生产的所有货物和服务的价值。总产出按生产者价格计算，反映常住单位生产活动总规模。

（2）投入产出表结构分析

若不考虑投入产出表中作为合计数的“总投入”行与“总产出”列以及“小计”栏，可将投入产出表划分为三个象限，即第Ⅰ象限、第Ⅱ象限、第Ⅲ象限。

第Ⅰ象限是投入与消耗部分，是投入产出表的核心。其主栏是中间投入，宾栏是中间使用。主宾栏名称、数目、计量单位相同、

❶ 常住单位是一个统计项目，指在一国经济领土范围内具有经济利益中心的经济单位。

排列次序一致的产品部门正交而成的正方形表格。其中，每个产出部门既是生产者又是消费者，故表中每个数字都有双重含义：从横向看，反映产出部门产品或劳务提供给各投入部门作为中间使用的数量；从竖向看，反映投入部门生产过程中消耗各产出部门的产品或劳务数量。

第Ⅱ象限是最终使用部分，是第Ⅰ象限在水平方向上的延伸。其主栏是各产品部门，宾栏是最终使用。该部分有两层含义：一是反映各产品部门在高标准农田建设期间供应全社会的分配使用情况；二是反映了最终使用的来源、构成及比例。

第Ⅲ象限是增加值（最初投入）部分，是第Ⅰ象限在垂直方向上的延伸。其主栏为固定资产折旧、劳动报酬、生产税净额、营业盈余等最初投入，宾栏为各产品部门，包括固定资产折旧和新增值两部分。第Ⅲ象限总体来说反映的是各产品部门的增加值（最初投入）的构成，也即增加值的形成过程和国民收入的初次分配情况。

（3）投入产出表平衡关系

投入产出表存在着横表平衡关系、竖表平衡关系和总平衡关系。

横表平衡关系：从行的方向上看，投入产出表中“第Ⅰ象限＋第Ⅱ象限”所构成的横表，表示“产品分配”过程，反映与高标准农田建设相关的国民经济各部门的产品和服务的使用去向，存在“中间使用＋最终使用－进口＋其他＝总产出”的平衡关系，可表示为：

$$\sum_{j=1}^{n} x_{ij} + f_i - k_i + q_i = g_i (i = 1,2,\cdots,n) \qquad (4-6)$$

竖表平衡关系：从列的方向上看，投入产出表中“第Ⅰ象限＋第Ⅲ象限”所构成的竖表，表示“价值形成”过程，反映与高标准农田建设相关的国民经济各部门的产品和服务的投入及其提供来源，存在“中间投入＋增加值＝总投入”的平衡关系，可表示为：

$$\sum_{j=1}^{n} x_{ij} + y_i = g_i (i = 1,2,\cdots,n) \qquad (4-7)$$

总平衡关系：整个投入产出表的平衡关系有三种，分别为：

① 总投入 = 总产出，即

$$\sum_{j=1}^{n} g_j = \sum_{i=1}^{n} g_i(i,j = 1,2,\cdots,n) \qquad (4-8)$$

② 各部门总投入 = 各部门总产出，即

$$\sum_{j=1}^{n} y_i = \sum_{i=1}^{n} f_i - \sum_{i=1}^{n} k_i + \sum_{i=1}^{n} q_i(i,j = 1,2,\cdots,n) \qquad (4-9)$$

③ 所有部门中间投入合计 = 所有部门中间使用合计，即

$$\sum_{i=1}^{n}\sum_{j=1}^{n} x_{ij} = \sum_{j=1}^{n}\sum_{i=1}^{n} x_{ij}(i,j = 1,2,\cdots,n) \qquad (4-10)$$

4.1.3.2　投入产出模型

（1）投入产出模型的基本假定

投入产出法是运用数学方法分析经济活动的一种方法，但由于经济系统关系复杂，影响因素较多，因此提出一定的假设条件是必要的。投入产出法的基本假定主要有四个，结合本篇研究的实际情况，归纳为以下四个假定。

① 同质性假定。假定与高标准农田建设相关的每个产品部门都只生产一种同质产品，不同产品之间不能相互替代。

② 比例性假定。假定与高标准农田建设相关的每个部门的产出量与对它的各种投入量呈正比关系，以保证产出与投入的线性函数关系。

③ 相加性假定。假定与高标准农田建设相关的几个部门的产出合计等于对这几个部门分别投入量的合计。

④ 消耗系数相对稳定性假定。假定在高标准农田建设期内，各种消耗系数相对稳定。这是利用投入产出模型进行经济分析和预算的前提，因为各种消耗系数代表了各个部门之间的经济技术联系的密切程度。

（2）投入产出模型涉及的主要参数

投入产出表是表现各种经济变量及其相互联系的“数据库”，将

投入产出表中的经济变量联系起来，可以计算出很多具有重要经济含义的系数，这些系数是进行投入产出分析的重要工具，也是最基本的投入产出分析法。结合本篇研究的内容，我们需要用到的系数有五个，即直接消耗系数、完全消耗系数、里昂惕夫逆矩阵系数、影响力系数、感应度系数。构建这五个系数后，再根据模型进行经济效应测算。

4.1.4 方法的比较与选择

在对以上三类方法的介绍与分析中我们发现，综合评价法采用定性与定量相结合的方式，虽具有合理性但客观性与科学性较定量方法稍有不足，故而本篇不选择此方法，只在 CGE 模型与投入产出模型中进行选择。

CGE 模型与投入产出模型均是多部门的整体经济模型，能够描述特定部门的变化对整个经济所产生的影响，适用于本篇的研究，然而两者也均有其缺点与不足。CGE 模型的不足主要有两点：一方面，此模型需要大量数据，并且通过采用对某单一年度的基准数据集进行校准来得到必要的数据，这样就使其对基准年度的数据非常敏感；另一方面，CGE 采用递推动态处理机制，这类动态机制被认为在短期模型中具有合理性，但对于长期模型而言则显得不够合理。投入产出法的不足是不能直接将价格引入模型中，即它们对于价格机制在资源配置中占有重要地位并且在生产和需求过程中存在重要的替代可能性的混合经济（既有市场机制的作用，又有不同程度的政府干预）难以进行模拟分析。对于本篇而言，主要研究的是政府对高标准农田建设的干预，即进行项目建设从而带动地方经济社会发展，对价格机制的关注显得次要，且在数据获取与长期效益上都具有较高的要求，因此投入产出法显得更为合适。而 CGE 在偏经济类研究如国际贸易、财政税收等方面具有更高的优势。

其实，投入产出法一方面沿袭了 CGE 的假设，即假设各种投入系数是固定不变的，另一方面是对一般均衡模型的简化与提升。其运用分类合并的统计方法，将 CGE 模型中不胜枚举的生产单位合并为有限数量的产品部门或行业，使函数式简化到可以实际应用和计量的程度，解决了实际计算的困难；同时正如上述分析中提到，投入产出法还省略了价格对消费需求构成、中间产品流量，以及对劳动等生产因素供给调节的影响，使模型更简化，也更适用于本篇的研究内容。

通过以上对比分析，本篇选择运用投入产出法评估高标准农田建设对县域经济发展的促进作用。

4.2 评估模型构建

本篇将各类高标准农田建设项目对县域经济的拉动效应分为直接拉动效应和间接拉动效应。直接拉动效应是在高标准农田建设项目投资过程中产生的，指通过运用货币资金购买物资和支付工资，从而拉动项目所在县域的经济增长。其测算包括两部分内容，即项目建设过程中引起的投资需求所产生的第一次拉动效应和劳动报酬带动消费增长从而拉动县域经济增长所产生的第二次拉动效应。

其间接拉动效应发生在高标准农田建设项目投资结束后，其测算需考虑两方面内容，一是通过高标准农田建设活动改变项目区生产生活方式所带来的收益增加转变为县域农民的新增收入，进而促进消费对经济产生新一轮拉动作用；二是项目建设结束后，可能引起相应的后续投入，需进一步分析高标准农田建设作为基础平台对县域经济的拉动作用。

由于项目经费并不全部投资在该项目所在县域内，部分建材、劳资费用将投入在县域外，故而在数据获取及测算过程中将分为两部分——县域内拉动效应及县域外拉动效应，细分为县域内直接（第一次、第二次）、间接拉动效应，以及县域外直接（第一次、第二次）、间接拉动效应。

4.2.1 直接拉动效应

4.2.1.1 第一次拉动效应

分析高标准农田建设项目各中间投入对国民经济的拉动作用，首先需确定项目所涉及的产品部门。根据高标准农田建设项目《预算书》，投资经费支出主要包括工程施工费、设备购置费、其他费用和不可预见费四部分，其中工程施工费是经费支出的大项，主要进行的工程包括土地平整工程、农田水利工程、田间道路工程和其他工程等。土地平整工程一般包括土石方开挖、土石方回填、土石方运输、土地平整等；农田水利工程是对水土资源、灌排系统及其建筑物等进行的改造；田间道路工程主要是指直接为农业生产服务的田间道路和生产道路的建设；其他工程是指土地整理过程中涉及的农田生态防护林及水土保持工程等。

从上述分析中可以看出，高标准农田建设项目在建设过程中，会加大对各种建筑材料如水泥、沙子、石子、PVC 管、铁管、弯头等，各种电力设备如电线杆、变压器、量电控制柜等，各种水利设施如潜水泵、喷头、动力设备等的投入，此项费用将占据很大的比例，其余的费用则主要用于支付施工者与监管者的工资、项目的设计与验收费用等。而对各类建材及设备的购买费用，将对县域经济产生一次拉动，因为其对其他部门产生了影响（通过影响力系数测量得出），加大了对其他相应部门的需求，如此传递、循环，最终拉动国民经济增长。在投入产出表中，以上需求投入被称为中间投入，本篇将高标准农田建设项目所有中间投入的合计用符号 T 表示，将建设过程中由于投资需求引起的中间投入的增加所产生的经济拉动效应称为直接拉动作用的第一次拉动效应，用符号 DE_1 表示。

因此，可根据调研地方政府编制的最近年份的投入产出表中部门分类标准，将高标准农田建设项目中各类细分费用归并到投入产出表中的各部门，并对相同的投入产出部门的费用进行加总，形成具体的高标准农田项目所涉及的部门分类及其对应的增加值。

根据已有研究，我们将高标准农田建设项目中各类费用归并到相关部门（见表4－5）。

表4－5　高标准农田建设项目投入产出汇总

投入类型	部门
中间投入	电力、热力的生产和供应
	电气机械和器材
	纺织品
	非金属矿和其他矿采选产品
	非金属矿物制品
	化学产品
	建筑
	金属冶炼和压延加工品
	金属制品
	金属制品、机械和设备修理服务
	科学研究和技术服务
	煤炭采选产品
	木材加工品和家具
	农林牧渔产品和服务
	石油、炼焦产品和核燃料加工品
	水的生产和供应
	通用设备
	造纸印刷和文教体育用品
	专用设备
	租赁和商务服务
初始投入	固定资产折旧
	劳动者报酬
	生产税净额
	营业盈余

实际细分产业将根据实证县的经费安排有所调整。

通过以下六个步骤可以计算出项目中间投入的直接拉动 DE_1。

第一步：根据部门投入产出基本流量表，计算出直接消耗系数（a_{ij}）。

该系数是指 j 部门每生产一个单位产出对 i 部门产出的直接消耗量，它反映了各部门间直接的技术经济联系。由 n^2 个直接消耗系数可以组成直接消耗系数矩阵 $\boldsymbol{A}$。其公式为：

$$a_{ij} = \frac{x_{ij}}{g_j}(i,j = 1,2,\cdots,n) \qquad (4-11)$$

式（4－11）中，x_{ij} 指第 j 部门对第 i 产品的消耗量；g_j 指第 j 部门的总投入。a_{ij} 取值范围为［0，1），a_{ij} 越大，表示第 j 部门对第 i 部门的直接依赖性越强；a_{ij} 越小，表示第 j 部门对第 i 部门的直接依赖性越弱；$a_{ij}=0$，则说明第 j 部门对第 i 部门没有直接依赖关系。

第二步：计算完全消耗系数（b_{ij}）。

该系数是指 j 部门每生产一个单位最终产品对 i 部门产品的完全消耗，包括直接消耗和各次间接消耗。它揭示了部门之间的直接和间接联系，更全面深刻地反映了部门之间相互依存的数量关系。一般利用直接消耗系数矩阵 $\boldsymbol{A}$ 从整体上加以计算得到完全消耗系数矩阵 $\boldsymbol{B}$。其公式为：

$$\boldsymbol{B} = (1 - \boldsymbol{A})^{-1} - \boldsymbol{I} \qquad (4-12)$$

式（4－12）中，$\boldsymbol{I}$ 为 $n \times n$ 的单位矩阵。

第三步，计算里昂惕夫逆矩阵系数。

在完全消耗系数矩阵 $\boldsymbol{B}$ 中，$(\boldsymbol{I}-\boldsymbol{A})^{-1}$ 称为里昂惕夫逆矩阵，记为 $\overline{\boldsymbol{B}}$，其中的元素里昂惕夫逆矩阵系数，表明第 j 部门增加一个单位最终产品，需消耗本部门一个单位产品和其他所有部门提供的中间产品之和，故也称为“完全需要系数矩阵”。其公式为：

$$\overline{\boldsymbol{B}} = (1 - \boldsymbol{A})^{-1} \qquad (4-13)$$

第四步：计算影响力系数 F_j。

该系数是指国民经济某产品部门每增加一个单位最终产品时，对国民经济各部门所产生的生产需求波及程度，是某部门对国民经济各部门的前向牵引强度，其公式为：

$$f_j = \frac{\sum_{i=1}^{n} \overline{b_{ij}}}{\frac{1}{n}\sum_{j=1}^{n}\sum_{i=1}^{n} \overline{b_{ij}}}(i,j = 1,2,\cdots,n) \qquad (4-14)$$

式（4－14）中，$\sum_{i=1}^{n} \overline{b_{ij}}$为里昂惕夫逆矩阵第$j$列之和，在列向分析时，将该矩阵同一列元素相加，得到$\sum_{i=1}^{n} \overline{b_{ij}}$，其经济学含义是：第$j$部门生产一个单位最终产品对国民经济各部门完全需求量。

$\frac{1}{n}\sum_{j=1}^{n}\sum_{i=1}^{n} \overline{b_{ij}}$为列昂惕夫逆矩阵各列和的平均值，是个常数，对于其算法学术界争议较多，刘起云（2002）认为分母采用加权算数平均更合理；王燕等（2007）认为公式中的对完全消耗系数的间接行向求和无意义，因为分母不同，基数不同，相加后经济学含义不明确；王巧英（2010）认为，分母对于分析判断j部门对国民经济各部门的拉动作用影响不大，按照计算影响力的最初目的和作用，分子$\sum_{i=1}^{n} \overline{b_{ij}}$完全可以替代影响力系数，没有必要再除以一个常数。

本篇计算影响力的目的是计算高标准农田建设在相关部门的投资对国民经济整体的拉动力或影响力，故而影响力的计算方式为：

$$F_j = \sum_{i=1}^{n} \overline{b_{ij}}(i,j = 1,2,\cdots,n) \qquad (4-15)$$

式（4－15）中，将常数$m = \frac{1}{n}\sum_{j=1}^{n}\sum_{i=1}^{n} \overline{b_{ij}}$作为分析$F_j$的一个辅助参数，当$F_j < m$时，表示第$j$部门的生产对其他部门产生的影响程度小于社会平均影响水平；当$F_j = m$时，表示第j部门的生产对其他部门产生的影响程度等于社会平均影响水平；当$F_j > m$时，表示第j部门的生产对其他部门产生的影响程度大于社会平均影响水平，显然影响系数越大，表明第j部门对其他部门的拉动作用越强。

第五步：计算感应度系数G_i。

该系数是指每个部门均增加一个单位最终使用时，某部门由此而产生的需求感应程度，是某部门对国民经济各部门的后向感应强度，其公式如下：

$$h_i = \frac{\sum_{j=1}^{n} \overline{b_{ij}}}{\frac{1}{n}\sum_{i=1}^{n}\sum_{j=1}^{n} \overline{b_{ij}}}(i,j = 1,2,\cdots,n) \qquad (4-16)$$

式（4－16）中，$\sum_{j=1}^{n} \overline{b_{ij}}$ 为里昂惕夫逆矩阵第 i 列之和，而分母 $\frac{1}{n}\sum_{i=1}^{n}\sum_{j=1}^{n} \overline{b_{ij}}$ 为里昂惕夫逆矩阵行和的平均值，相当于里昂惕夫逆矩阵先进行了行向加总而后进行了列向加总最后求其平均值，此时列向加总也存在着分母不同，基数不同，相加后经济学含义不明确的问题，且分母为一个常数，因此本篇采用分子 $\sum_{j=1}^{n} \overline{b_{ij}}$ 作为感应度系数，将分母 $a = \frac{1}{n}\sum_{i=1}^{n}\sum_{j=1}^{n} \overline{b_{ij}}$ 作为社会平均感应度的参考值，感应度系数为：

$$G_i = \sum_{i=1}^{n} \overline{b_{ij}}(i,j = 1,2,\cdots,n) \qquad (4-17)$$

式（4－17）中，当 $G_i < a$ 时，表示第 i 部门所受到的感应程度小于各部门平均水平；当 $G_i = a$ 时，表示第 i 部门所受到的感应程度等于各部门平均水平；当 $G_i > a$ 时，表示第 i 部门所受到的感应程度大于各部门平均水平，因此，感应度系数越大，表示该部门受到其他部门需求的影响越大。

第六步：计算投资中间投入拉动效应 DE_1。

$$DE_1 = \sum_{i=1}^{n} \Delta_i b_i (i = 1,2,\cdots,n) \qquad (4-18)$$

式（4－18）中，Δ_i 为高标准基本农田建设中间投入部门 i 部门的增加值，b_i表示第 i 部门的影响力。

4.2.1.2　第二次拉动效应

高标准农田建设过程中需要大量的人力，因此投资中有相当一部分资金用于支付给劳动者作为劳动报酬（总量用符号 N 表示）。根据投入产出表的结构划分，劳动报酬落在第Ⅲ象限，即收入形成账户。劳动者通过高标准农田整治增加的收入，会有一部分用于消费，主要消费于农林牧渔产品和服务业，食品和烟草业，卫生和社会工作相关产业，交通运输设备和相关产业，金融业等，这使县域的最终总需求增加，从而刺激经济的增长，这样由劳动收入增加产生的经济效应从第Ⅲ象限传导到第Ⅱ象限，也即收入分配账户。劳动者进行消费的部分可以视为对相关部门的投入，即增加了中间投入，通过各部门的联系，又会带动其他部门投入的增加，从而促使由劳动收入增加产生的经济效应从投入产出表的第Ⅱ象限传导到第Ⅰ象限。中间部门投入的增加，在一定程度上会带动各部门的发展，相关部门劳动者的收入也会相应提高，最终形成一个周而复始的循环拉动。本篇将高标准农田建设项目中由于劳动者收入增加而对经济产生的拉动效应称为第二次拉动效应，用符号 DE_2 表示。

由于参与项目建设的劳动者用于消费的部分占其劳动收入的百分比难以统计确定，因此引入边际消费倾向 c（$0<c<1$），来估算劳动者的消费支出。边际消费倾向表示居民每增加 1 元的收入有多少用于消费性支出，采用实证县历年居民可支配收入和居民消费支出拟合消费函数模型，具体计算方式如下：

$$y = \beta_1 + \beta_2 x \tag{4-19}$$

式（4－19）中，y 为消费性支出，x 为可支配收入，β_1 为居民自主性消费，β_2 为边际消费倾向。运用 EViews 软件对数据进行回归分析得到参数。

将高标准农田建设项目提供的劳动报酬总量 N 乘以边际消费倾向 β_2，可获得由于劳动收入增加可产生消费的总量（用符号 D 表示），从而实现劳动报酬向消费的转化（第Ⅲ象限传导到第Ⅱ象限）。再根据实证县最近年份居民消费结构将所得的消费总量划分到投入产出表的各部门中，得到各部门的由于劳动收入增加带来的投入增加值（第Ⅱ象限传导到第Ⅰ象限）。最后通过中间部门投入增加值和各部门影响力的关系可得到高标准农田整治项目劳动报酬带来的第二次经济拉动效应 DE_2：

$$DE_2 = \sum_{i=1}^{m} \Delta_j b_j (j = 1,2,\cdots,m) \tag{4-20}$$

式（4－20）中，Δ_j 表示由于劳动收入增加带来的 j 部门投入增加值，b_j表示 j 部门的影响力。

第二次拉动效应中不包括投入产出表中的固定资产折旧、生产税净额、营业盈余三部分。因为：①高标准农田建设工程是国家投资建设的公益性工程，难以计提固定资产折旧；②税收作为非消费数据，通过影响价格、投资来影响经济循环发展，但对经济无直接拉动作用；③高标准农田工程建设过程中，营业盈余主要来自器材出售商家的利润，相对于人工费、材料费、机械费、措施费等而言，其费用极少。

4.2.1.3 高标准农田建设项目对县域经济的直接拉动效应

高标准农田建设项目对县域经济的直接拉动效应 DE，是中间投入带来的第一次拉动效应 DE_1和劳动报酬引起的第二次拉动效应 DE_2的总和，即：

$$DE_{县内} = DE_{1县内} + DE_{2县内}$$

$$DE_{县外} = DE_{1县外} + DE_{2县外}$$

$$DE_{总} = DE_{县内} + DE_{县外}$$

4.2.2 间接拉动效应

本篇将高标准农田建设完成后，通过增加经营者收入及后续投资而对县域经济所产生的拉动定义为间接拉动效应。

高标准农田整治项目建设完成后，除了增加有效耕地面积、提高耕地等级、改善农业生产和生态环境、促进当地经济发展外，其作为新农村建设和城乡统筹的基础平台，还会引起其他资金的投入，如旅游项目投入、马拉松赛事投入等，这也将带动一系列的需求和消费增长。由于难以将因高标准农田建设而带来的资金投入从所有新增投入中剥离出来，且一般情况下，相对项目建设投资来说，此项投入及其带来的收益极微，故而模型中不纳入此部分。

高标准农田建成后，农民从农业中获得的新增收益（用符号 H 表示）与高标准农田建设增加劳动者收入对经济的拉动作用机理相似，所涉及的产业也相同，即农林牧渔产品和服务业、食品和烟草业、卫生和社会工作相关产业、交通设备和运输相关产业、金融业等，可以通过边际消费倾向系数 c，实现新增收益向消费（消费总量用符号 F 表示）的转化，再根据实证县 2016 年居民消费结构将所得的消费总量划分到投入产出表的各部门中，得到各部门由于农业收益增加带来的投入增加值。最后通过中间部门投入增加值和各部门影响力的关系可得到高标准农田建设项目间接拉动效应 BE：

$$BE = \sum_{k=1}^{n} \Delta_k b_k (k = 1,2,\cdots,n) \tag{4-21}$$

式（4－21）中，Δ_k 表示由于劳动收入增加带来的 k 部门投入增加值，b_k表示 k 部门的影响力。

4.2.3 总拉动效应

高标准农田建设项目对县域经济的总拉动效应 E，是直接拉动效应 DE 和间接拉动效应 BE 的总和，即：

$$E_{县内} = DE_{县内} + BE_{县内}$$

$$E_{县外} = DE_{县外} + BE_{县外}$$

$$E_{总} = E_{县内} + E_{县外}$$

第五章　高标准农田建设社会影响评估

5.1　评价指标选取原则

① 相关性原则：评估指标与预期目标有直接的联系，能够恰当、准确地反映目标的实现程度和评估对象的实施效果。

② 重要性原则：优先选用最具代表性、最能反映评估需求的核心指标。

③ 可比性原则：设定共性的评估指标，尽可能量化，以便评估结果可以相互比较。

④ 经济性原则：评估指标通俗易懂、简便易行，数据的获得考虑现实条件和可操作性。

⑤ 系统性原则：评估指标注重定量与定性相结合，适当平衡项目实施行为、实施过程和实施效果指标权重的关系。

5.2　评价指标选取方法

高标准农田建设对社会的影响评价是一个综合评价，而综合评价的依据就是指标。指标是对客观事物或现象的描述与度量，是关于所关心事物或现象的条件、状态及其变化的信息，具体包括指标的名称和指标的数值。指标体系是由若干相互联系、相互补充、具有等级层次性和结构性的指标组成的有机系列。

本篇评价指标体系的选取采用理论分析法和专家咨询法相结合的方法，以满足评价指标完整性、系统性与科学性的原则。理论分析法主要是在对已有县域或地区的高标准农田的建设方法、建设过程及建设成果等总结的基础上，对高标准农田建设的社会影响进行分析，进而综合选择能够反映高标准农田建设社会影响的指标；专家咨询法是在初步提出评价指标的基础上，进一步征询有关专家意见，对指标进行调整。运用这两种方法，最终得到高标准农田整治社会影响评价指标体系。

5.3 评价指标建立

根据上述分析，从保障粮食安全、促进城乡统筹发展、改善农业生产与经营方式，以及提高资源利用效率四个方面，分析高标准农田建设对县域社会的影响，并选取指标。

5.3.1 高标准农田建设保障粮食安全

5.3.1.1 提高粮食生产能力

提高粮食生产能力是高标准农田建设最直观的影响。高标准农田建设通过改善种植条件，调整种植方式，在防洪涝灾害的同时，提高土地的生产能力。通过土地平整、田块合并等工程，将处于荒废状态的道路、沟渠、损毁的防护林、废弃的坑塘、坟墓等整理恢复成直接生产用地；通过小田并大田、权属调整、田块规整等措施，减少田坎占地面积；充分利用耕地中难以利用的边角地，增加有效耕地面积，提高粮食生产能力。本篇选取了新增耕地面积和新增产值两个指标进行评价。

（1）新增耕地面积

① 新增耕地面积：

新增耕地面积 = 整治后耕地面积 − 整治前耕地面积

② 新增耕地比率：

新增耕地比率 = 整治后新增耕地面积/高标准农田建设规模 ×100%

③ 耕地面积增长率：

耕地面积增长率 =（整治后耕地面积 − 整治前耕地面积）/整治前耕地面积 ×100%

根据地区资料情况，上述三个指标选一即可。

（2）新增产值

① 新增粮食产值：

用整治措施全部生效时的新增粮食产量表示提高的粮食生产能力。

$$P = F \times \Delta p$$

式中：P——整治措施全部生效后新增粮食产量，kg/hm²；

F——县域高标准农田建设规模，hm²；

Δp——整治实施后每年单位面积增产量，kg/hm²。

$$\Delta p = p_a - p_b$$

式中：p_a——整治措施全部生效后每年单位面积产量，kg/hm²；

p_b——整治实施前每年单位面积产量，kg/hm²。

此处假设高标准农田建设前后种植同一种作物，整治措施全部生效时单位面积年增产量的计算即是求种植作物产品的增产量。

② 新增不同作物产值：

高标准农田建设可能会增加不同作物，但一般增加作物种类相对单一，不需考虑多种新增作物的产值加和，大部分为价值较高的作物，如茶叶、药材等。用整治措施全部生效时的新增不同作物产值表示提高其他作物生产能力。

$$S = F \times \Delta p$$

式中：S——整治措施全部生效后新增其他作物产量，kg/hm²；

F——县域高标准农田建设规模，hm²；

Δp——整治实施后每年单位面积增产量，kg/hm²。

$$\Delta p = p_a - p_b$$

式中：p_a——整治措施全部生效后某种作物每年单位面积产量，kg/hm²；

p_b——整治实施前某种作物每年单位面积产量，kg/hm²。

根据地区实际情况，以上两指标选一即可。

5.3.1.2　降低耕地生产风险

降低耕地生产风险是检验土地生产能力提高最直观的表现。高标准农田建设通过一系列土地整治工程，对土地进行平整和归并，提高土壤营养程度，丰富营养种类，改善种植条件，从而提高粮食生产的稳定性。通过农业生产稳定性指数变化率和粮食稳定性指数变化率进行评价。

（1）农业生产稳定性指数变化率

农业生产稳定性指数变化率 =（整治后农业生产稳定性指数 - 整治前农业生产稳定性指数）/整治前农业生产稳定性指数

$$\text{农业生产稳定性指数} = (n_1 + n_2)/2$$

式中：n_1为有效灌溉面积占耕地面积百分比，n_2为旱涝保收面积占有效灌溉面积百分比。

（2）粮食稳定性指数变化率

粮食稳定性指数变化率 =（整治后粮食稳定性指数 - 整治前粮食稳定性指数）/整治前粮食稳定性指数

$$F = 1 - \left[\frac{1}{n}\sum_{i=1}^{n}(D_i - D)^2)^{\frac{1}{2}}\right] \Big/ D$$

式中：F 为粮食稳定性指数，D_i 为第 i 年粮食单产，D 为平均单产，n 为所选年的个数，一般可取 3。

根据地区资料情况，以上两指标选一即可。

高标准农田建设保障粮食安全指标，如表 5 - 1 所示。

表 5 - 1　高标准农田建设保障粮食安全指标

准则层	次准则层	指标层	备注
保障粮食安全	提高粮食生产能力	新增耕地面积 新增耕地比率 耕地面积增长率	根据地区资料情况，三选一
		新增粮食产值 新增不同作物产值	根据地区实际情况，二选一
	降低耕地生产风险	农业生产稳定性指数变化率 粮食稳定性指数变化率	根据地区资料情况，二选一

5.3.2 高标准农田建设促进城乡统筹发展

5.3.2.1 提高农民收入水平

高标准农田建设的最核心目标是提高粮食产量和促进收入增长。通过一系列土地整治工程，农民切实感受到了收入的增加。粮食产量的提高带来的作用，除了满足农民日常需求之外，更多的是进行作物销售，产生利润，同时在整治之后，土地租金也会受到影响，经过田块合并，产权明晰，地块的综合效益得到提高。高标准农田建设的过程中，也需要农民参与到工程建设中，从而使农民就业机会增多、就业数量增加。在此，从农民人均农业纯收入变化率、农民人均新增农业年收入和富余劳动力人口数三个方面进行评价。

（1）农民人均农业纯收入变化率

农民人均农业纯收入变化率 = [（整治后人均农业纯收入 - 整治前人均农业纯收入）/整治前人均农业纯收入] ×100%

人均农业纯收入 = 整治区域农业纯收入/该区域农村居民人口数

（2）农民人均新增农业年收入

农民人均新增农业年收入 = 整治区域农业新增产值/该区域农村居民人口数

根据地区实际情况，以上两指标选一即可。

（3）富余劳动力人口

富余劳动力人口 = 整治前劳动力人口总数 - 整治后劳动力人口总数

富余劳动力人口包括外出打工的劳动力人口数量。

5.3.2.2 提高农民生活便利程度

相比于整治之前的农村土地，高标准农田建设将分散的田块集中，改变原有田间道路，合并零散的居民点，改变公共设施的占地比率，达到农民满意的生活便利水平，提高生产效率和生活质量。本篇选取田块集中度变化率、耕地聚集度变化率、公共设施用地占地比例变化率和农村居民点聚集度变化率等指标进行评价。

（1）田块集中度变化率

田块集中度变化率 =［（整治后田块集中度 - 整治前田块集中度）/整治前田块集中度］×100%

田块集中度 = 区域内实际进行经营的农户数/整治区域中田块的个数

或者用田块破碎度变化率表示：

田块破碎度变化率 =［（整治后田块破碎度 - 整治前田块破碎度）/整治前田块破碎度］×100%

田块破碎度（I）的计算公式：

$$I = \frac{(N-1)}{M}$$

式中：N 为整治区域中的田块的个数；M 为平均田块规模。

（2）耕地聚集度变化率

耕地聚集度变化率 =［（整治后耕地聚集度指数 - 整治前耕地聚集度指数）/整治前耕地聚集度指数］×100%

$$\text{耕地聚集度指数} = \left[1 + \frac{\sum_{i=1}^{n}\sum_{j=1}^{n} P_{ij}\ln(P_{ij})}{2\ln(n)}\right] \times 100\%$$

$$P_{ij} = E_{ij}/N_b$$

式中：n 为区域内耕地斑块总数，P_{ij} 为耕地斑块要素 i 和 j 相邻接的概率，E_{ij} 为相邻要素 i 和 j 之间的共同边界长度，N_b 为不同要素边界的总长度。

或者用田块分离度变化率表示：

田块分离度变化率 =［（整治后田块分离度 - 整治前田块分离度）/整治前田块分离度］×100%

田块分离度（A）的计算公式：

$$A = \frac{D}{B}$$

$$D = \frac{1}{2}\sqrt{\frac{N}{S}}$$

$$B = \frac{S}{E}$$

式中：D 为田块的距离指数；B 为田块的面积指数；N 为整治区域中田块的个数；S 为田块的总面积 km^2；E 为整治区域中的土地总面积。

（3）公共设施用地占地比例变化率

公共设施用地占地比例变化率 = 整治后公共设施用地占地比率 − 整治前公共设施用地占地比率

（4）农村居民点聚集度变化率

农村居民点聚集度变化率 = [（整治后农村居民点聚集度指数 − 整治前农村居民点聚集度指数）/整治前农村居民点聚集度指数] ×100%

$$农村居民点聚集度指数 = \left[1 + \frac{\sum_{i=1}^{n}\sum_{j=1}^{n} P_{ij}\ln(P_{ij})}{2\ln(n)}\right] \times 100\%$$

$$P_{ij} = E_{ij}/N_b$$

式中：n 为区域内农民居民点斑块总数，P_{ij} 为农村居民点要素 i 和 j 相邻接的概率，E_{ij} 为相邻要素 i 和 j 之间的共同边界长度，N_b 为不同要素边界的总长度。

若项目属于综合整治，可选（3）、（4）指标进行填写。

5.3.2.3 提高农民满意度

农民满意度是对整个高标准农田建设成果最直观的检验。只有让农民满意才能将工程顺利落实和推广，在此，采用贫困人口变化率和综合满意度两项指标进行评价。

（1）贫困人口变化程度

贫困人口变化程度 = 整治前贫困人口率 − 整治后贫困人口率

贫困人口率 = 贫困人口数量/县域农村总人口

根据国家统计局发布的《2015 年国民经济和社会发展统计公报》，贫困县的农村人口年收入为 2300 元以下，即年收入 2300 元以下的农村人口为贫困人口。

（2）综合满意度

综合满意度 = 农民对工程满意度总分/被调查农民总数

式中：农民对工程满意度总分需要对整治区域内的农民以问卷的形式进行关于项目的详细调查，采用10分制的方式打分、评价。

高标准农田建设促进城乡统筹发展指标，如表5－2所示。

表5－2　高标准农田建设促进城乡统筹发展指标

准则层	次准则层	指标层	备注
促进城乡统筹发展	提高农民收入水平	农民人均农业纯收入变化率 农民人均新增农业年收入	根据地区资料情况，二选一
		富余劳动力人口	包括外出打工的劳动力
	提高农民生活便利程度	田块集中度变化率（田块破碎度变化率）	
		耕地聚集度变化率（田块分离度变化率）	
		公共设施用地占地比例变化率	综合整治区域选择
		农村居民点聚集度变化率	综合整治区域选择
	提高农民满意度	贫困人口变化程度（贫困人口率）	
		综合满意度	

5.3.3　高标准农田建设改善农业生产与经营方式

（1）改善农业生产方式

改善农业生产方式不仅是提高粮食产量的途径，也是高标准农田建设的目标之一。目前我国绝大部分地区农业配套的基础设施落后，阻碍了农业生产水平的提高，高标准农田建设通过土地整治、科学技术应用等方法，促进灌溉水平提高、排水水平提高以及田间道路通达率的提高，增加旱涝保收的高标准农田面积。在此，通过可机耕面积变化率、旱涝保收面积变化率、田间通达度变化率和丘陵地区梯田化比例变化率四项指标进行评价。

① 可机耕面积变化率：

可机耕面积变化率 =［（整治后可机耕面积 - 整治前可机耕面积）/农地总面积］×100%

② 旱涝保收面积变化率：

旱涝保收面积变化率 =［（整治后旱涝保收面积 - 整治前旱涝保收面积）/农地总面积］×100%

③ 田间通达度变化率：

田间通达度变化率 =［（整治后田间通达度 - 整治前田间通达度）/整治前田间通达度］×100%

田间道路通达度 = 0.5 × 田间道路密度指数 + 0.5 × 田间道路连通指数

田间道路密度指数 = 评价单元内田间道路密度/田间道路密度标准值

田间道路连通指数 = 评价单元内田间道路连通度/田间道路连通度标准值

田间道路密度 = 评价单元内田间道路长度的和/评价单元土地面积

田间道路连通度 = 田间道路网的廊道数/3 ×（田间道路网的节点数 - 2）

④ 丘陵地区梯田化比例变化率：

丘陵地区梯田化比例变化率 =［（整治后梯田面积 - 整治前梯田面积）/农地总面积］×100%

指标④供丘陵地区选择。

（2）改善农业经营方式

高标准农田的建设有利于提高基本农田质量，增加有效耕地面积，完善田间水利、交通、电力等基础设施，提高农田抗灾抗害能力。同时，加大对机械种植的投入，推广农业科技种植设施，改变农民落后的经营方式，将经营收益最大化。在此，选择土地流转变化程度和优质作物推广变化率（优质作物推广率）两项指标进行评价。

① 土地流转变化程度：

土地流转变化程度 = 整治后土地流转率 - 整治前土地流转率

土地流转率 = 土地流转面积/土地总面积 × 100%

② 优质作物推广变化率：

优质作物推广变化率 = 整治后优质作物推广率 - 整治前优质作物推广率

优质作物推广率 = 整治区域中农作物良种推广面积/该区域农作物播种面积

该地区如有示范农业区，可利用以下公式计算：

优质作物推广率 = 整治区域中农业示范区面积/该区域土地总面积

高标准农田建设改善农业生产与经营方式指标，如表 5 - 3 所示。

表 5 - 3 高标准农田建设改善农业生产与经营方式指标

准则层	次准则层	指标层	备注
改善农业生产与经营方式	改善农业生产方式	可机耕面积变化率	
		旱涝保收面积变化率	
		田间通达度变化率	
		丘陵地区梯田化比例变化率	丘陵地区选择
	改善农业经营方式	土地流转变化程度	
		优质作物推广变化率	

5.3.4 高标准农田建设提高资源利用效率

(1) 提高土地利用效率

高标准农田建设通过土地利用结构调整，有利于增加有效耕地面积。未经过土地整治的农村地区，各种类型用地往往交错分布，高标准农田建设中，还包括对土地利用结构的优化配置，将与耕地交错分布、地块面积小、布局散乱、利用率和产出率低下的园地、林地、坑塘水面或其他用地按高标准农田的标准整治成高效的可利用地。在此，用土地生产率提高率和土地利用率提高率两项指标进行评价。

① 土地生产率提高率：

土地生产率提高率 = 整治后的土地生产率 - 整治前的土地生产率

土地生产率 = 种植作物的总产值/作物的播种面积

② 土地利用率提高率：

土地利用率提高率 = 整治后的土地利用率 - 整治前的土地利用率

土地利用率 = 已经利用的土地面积/土地总面积

（2）提高水资源利用效率

高标准农田建设在保证粮食增产稳产的同时，要求对水资源的利用合理并充分，根据县域的具体情况，采取不同的节水用水方式。高标准农田建设过程中，通过完善农田灌溉设施，采用节水灌溉方式，可以大大提高水资源的利用效率，达到节水增收的目的。通过引进先进的灌溉设施，采取合理的灌溉手段，达到提高水资源利用效率的目标。本篇采用灌溉水利用系数提高率进行评价。

灌溉水利用系数提高率 = 整治后的灌溉水利用系数 - 整治前的灌溉水利用系数

灌溉水利用系数（η） = 田间所需净水量/渠首引入水量

据调查，不同的灌溉技术措施，其节水效果差异较大，现阶段推广的节水灌溉方法中，微灌一般可节水 30% ~50%，节水效果最好；喷灌可节水 20% ~30%，节水效果仅次于微灌；管道输水及渠道防渗可节水 10% ~20%，有明显的节水效果。在了解整治前后灌溉水利用系数的基础上，可以进一步计算累计节水量，公式如下：

$$W = (\eta_a - \eta_b) m A$$

式中：W——节水量，m^3；

η_a——整治后灌溉水利用系数；

η_b——整治前灌溉水利用系数；

m——单位面积用水量，m^3/hm^2；

A——灌溉面积，hm^2。

（3）提高经营效率

高标准农田建设通过科学的土地整治工程，提高土地生产能力，增加农民收入，改善生活生产条件，为农民提高了经营效率。农民通过产投比可以直观了解高标准农田建设带来的积极作用，因此，选取农户产投比提高率对经营效率的提高进行评价。

农户产投比提高率 = 整治后农户平均产投比 − 整治前农户平均产投比

农户平均产投比 = 农户平均产值/农户平均投入 × 100%

高标准农田建设提高资源利用效率指标，如表 5 − 4 所示。

表 5 − 4　高标准农田建设提高资源利用效率指标

准则层	次准则层	指标层	备注
提高资源利用效率	提高土地利用效率	土地生产率提高率	
		土地利用率提高率	
	提高水资源利用效率	灌溉水利用系数提高率	
	提高经营效率	农户产投比提高率	

5.3.5　高标准农田建设对县域社会影响的评价指标体系

基于以上分析，本篇将高标准农田建设对县域社会发展的影响评价指标体系构建如下（见表 5 − 5），共包含 4 个准则层、10 个次准则层。

表 5 − 5　高标准农田建设对县域社会发展的影响评价指标体系

准则层	次准则层	指标层	备注
保障粮食安全	提高粮食生产能力	新增耕地面积 新增耕地比率 耕地面积增长率	根据地区资料情况，三选一
		新增粮食产值 新增不同作物产值	根据地区实际情况，二选一
	降低耕地生产风险	农业生产稳定性指数变化率 粮食稳定性指数变化率	根据地区资料情况，二选一

续表

准则层	次准则层	指标层	备注
促进城乡统筹发展	提高农民收入水平	农民人均农业纯收入变化率 农民人均新增农业年收入	根据地区资料情况，二选一
		富余劳动力人口	包括外出打工的劳动力
	提高农民生活便利程度	田块集中度变化率（田块破碎度变化率）	
		耕地聚集度变化率（田块分离度变化率）	
		公共设施用地占地比例变化率	综合整治区域选择
		农村居民点聚集度变化率	综合整治区域选择
	提高农民满意度	贫困人口变化程度（贫困人口率）	
		综合满意度	
改善农业生产与经营方式	改善农业生产方式	可机耕面积变化率	
		旱涝保收面积变化率	
		田间通达度变化率	
		丘陵地区梯田化比例变化率	丘陵地区选择
	改善农业经营方式	土地流转变化程度	
		优质作物推广变化率（优质作物推广率）	
提高资源利用效率	提高土地利用效率	土地生产率提高率	
		土地利用率提高率	
	提高水资源利用效率	灌溉水利用系数提高率	
	提高经营效率	农户产投比提高率	

第六章　实证研究

本篇选取浙江省衢州市江山市和辽宁省盘锦市盘山县为实证地区，二者均属于农区，且均属于《全国土地整治规划（2011—2015年）》确定的全国500个高标准农田建设示范县。两地区均位于东部经济发达地区，基础设施建设较为完善，一定程度上高标准农田建设对于县域经济将有较强的拉动作用，具有一定的代表性。另外，笔者在研究中运用“区位熵指数”测度两县的主导产业，分析其产业结构，结果表明：江山市经济体量高于盘山县；江山市的主要产业为第三产业，属于非纯农区；盘山县的主要产业为第一产业，属于纯农区。

6.1　高标准农田建设促进江山市经济社会发展研究

6.1.1　江山市基本情况

江山市，是浙江省衢州市代管县级市，位于浙闽赣三省交界处，是浙江省西南部门户和钱塘江源头之一。1987年撤县设市，区域总面积2019平方公里，人口61.09万（2015年），耕地总面积52.15万亩，其中基本农田面积41.2万亩。江山市地貌类型多样，以山地丘陵为主，其中平坂和溪间谷地占11.2%，山地丘陵占88.8%，地势东南高、西北低，中部为河谷地带，整体为不对称的“凹状”。

江山市地处中亚热带北部湿润季风气候区，受地形影响，兼有盆地气候的某些特点，冬夏季风交替明显，四季冷暖干湿分明，光照充足，降水充沛，雨热同期。多年平均气温为 17.0℃，无霜期为 249.7 天左右，因地形影响，市域内雨热水平差异较大，立体气候明显，中北部海拔 250 米以下的河谷丘陵和平坂，年平均气温在 17℃以上。南部中、低山地，年平均气温不足 17℃。1 月平均气温海拔 200 米以下的河谷地区在 5℃以上。

江山市年径流总量 22.8 亿立方米，其中地表径流 20.5 亿立方米，地下径流 2.3 亿立方米。主要河流为江山港江，为钱塘江的上游支流，属山区性河流，落差较大。水位、流量、流速的变化，深受降水变化影响，变化量较大。汛期一般出现在每年 4 月以后，特别是 5 ~6 月为降水集中的梅雨季节，汛期河水含沙量高，枯水期出现在 7 ~8 月伏旱期及以后。

6.1.2 调研方法与数据来源

笔者在研究中的实地调研采用问卷、专家访谈及资料统计相结合的方式，对典型项目区涉及的村委会和农民进行调查，并从当地自然资源部门获得江山市所有高标准基本农田项目验收报告、投入产出表等资料。调研内容主要包括四个方面：一是农户家庭情况、土地禀赋等基本信息；二是项目区高标准农田建设前后的基本情况对比；三是高标准农田建设前后农户生产生活方式变动情况，包括土地利用方式、劳动力就业、居住条件、收入状况等变动情况；四是农户对上述变动信息的解释。

数据来源包括：

①《江山市土地利用总体规划》（2006—2020 年）；

②《江山市建设高标准农田基本情况》（2012—2015 年）；

③《江山市城市总体规划》（1999—2020 年）；

④《江山市高标准基本农田综合成效评估工作手册》（2012—2015 年）；

⑤《江山市高标准基本农田建设项目验收报告》（2012—2015 年）；

⑥《江山统计年鉴》（2008—2016 年）；

⑦《浙江统计年鉴》（2013—2016 年）；

⑧《江山市高标准基本农田建设项目设计报告》。

6.1.3 高标准农田建设促进江山市经济发展评估

6.1.3.1 数据处理

本篇主要针对浙江省衢州市江山市的高标准农田建设项目，运用投入产出法分析其对江山市经济的拉动作用。所需经济社会数据来自 2008—2016 年《江山统计年鉴》（由江山市统计局提供）、2012 年浙江省投入产出表，高标项目投资数据来源于各项目申报书及预算书（由江山市土地整理中心提供），高标准农田建设后期投资与消费情况主要根据《江山统计年鉴》并结合实地调研获得。部门分类依据我国编制的 2012 年投入产出表部门分类进行划分，具体参见附表 1。

本篇采用 2012 年浙江省投入产出表的原因如下：

① 以地域范围最合理为原则。由于江山市、衢州市均未编制投入产出表，故而采用浙江省投入产出表。

② 以对应实证研究时间段最适宜为原则。国务院办公厅印发的《国务院办公厅关于进行全国投入产出调查的通知》（国办发〔1987〕18 号）明确规定每 5 年（逢 2、逢 7）进行一次全国投入产出调查，编制投入产出表，逢 0，逢 5 编制延长表（国家统计局，2009），各地区也按照此规定进行投入产出表的编制。而本篇采用的江山市高标准农田建设数据为 2011—2015 年，即“十二五”期间的数据，故而采用该时间段内浙江省 2012 年投入产出表。

③ 投入产出表基本编制方法为直接分解法，即从基层入手，由基层将其所生产产品的投入和产出按照投入产出的部门分类原则，分别划归到不同的产品部门，直接得到各个产品部门的投入产出资料。基本步骤为：一是计算各产品部门总产出。二是按照购买者价

格计算中间投入构成，主要通过投入产出重点调查取得的具有代表性的中间投入结构，再结合总量指标推算得到，而中间投入构成则根据当年投入产出调查资料中工业、建筑业等各行业的成本和费用调查数据进行推算。三是计算增加值及其构成。四是计算最终使用及其构成。五是数据平衡与修订，主要分三步进行平衡，首先从最终使用项出发，研究各项构成是否合理，对不合理的数据进行修订；其次是研究中间投入构成中的主要消耗是否合理，对不合理的数据进行修订；最后在达到基本平衡的基础上进行数学平衡。六是编制生产者价格投入产出表。主要通过先编制出流通费用矩阵，再从按购买者价格计算的投入产出表中扣除相应的流通费用，得到按生产者价格计算的投入产出表（国家统计局国民经济核算司，2014）。如上所述，各产品部门间的投入产出关系是根据各产品部门总产出、产品价格、中间投入、产品增加值、最终使用等数据推算而来，且最终会根据合理性进行数学平衡与修订。考虑到2012—2015年，浙江省各类商品的价格指数基本在100左右浮动[1]，除去通货膨胀因素外，三年间浙江省各产业间的投入产出关系基本稳定，故而采用2012年浙江省投入产出表。

需进一步说明的是，由于无法获取江山市高标准农田建设投资中投入县域外部分的数据，故而此次实证仅包含县域内拉动效应。且考虑到一般情况下，县域外投入仅占总投资的微小部分，故而将县域内拉动效应等同于总拉动效应。

（1）经济社会数据

通过分析2016年《江山统计年鉴》与实地调研数据，江山市2015年农村居民消费总额为614450.84万元，居民消费主要集中于农林牧渔产品和服务业，建筑业，食品和烟草业，批发和零售业，交通运输、仓储和邮政业等部门。将居民在各个部门中的消费额度从高到低排列，具体42个部门的消费结构参见附表2。

---

[1] 数据来源：2013—2016年《浙江统计年鉴》。

（2）项目投资数据

① 项目投资概况。根据各项目《预算书》，可将高标准农田建设项目投入划归为四大类，即工程施工费、设备购置费、其他费用、不可预见费，其中工程施工费涉及人工费、材料费、机械费、主材费等，其他费用包含前期工程费、工程监理费、拆迁补偿费、竣工验收费、业主管理费。江山市“十二五”期间共开展45个高标准农田建设项目，总计投资54244.51万元。其中，2013年17个，共投资12524.26万元；2014年15个，共投资21675.81万元；2015年13个，共投资20044.44万元。

② 项目投入产出分类。根据浙江省2012年投入产出部门分类标准，将各高标准农田建设项目投入四大分类的细分划归到对应投入产出部门，并对相同的投入产出部门进行加总，各项目投入产出部门分类汇总参见附表3。

6.1.3.2 影响力系数和感应度系数测算及分析

（1）影响力系数和感应度系数测算

根据收集到的资料以及2012年浙江省42个部门投入产出基本流量表，通过三个步骤可计算出42个部门的影响力系数和感应度系数。

第一步：计算出直接消耗系数 a_{ij} 。

$$a_{ij} = \frac{x_{ij}}{g_j}(i,j = 1,2,\cdots,n)$$

式中，x_{ij}指第 j 部门对第 i 产品的消耗量；g_j指第 j 部门的总投入。

第二步：运用 MATLAB 计算出里昂惕夫逆矩阵。

$$\overline{B} = (1 - A)^{-1} = B + I$$

第三步：计算影响力系数 F_j、影响力辅助分析参数 m、感应度系数 G_i和里昂惕夫逆矩阵列和的平均值 a。

$$F_j = \sum_{i=1}^{n} \overline{b_{ij}}(i,j = 1,2,\cdots,n) \qquad m = \frac{1}{n}\sum_{j=1}^{n}\sum_{i=1}^{n}\overline{b_{ij}}$$

$$G_i = \sum_{j=1}^{n} \overline{b_{ij}}(i,j = 1,2,\cdots,n) \qquad a = \frac{1}{n}\sum_{i=1}^{n}\sum_{j=1}^{n}\overline{b_{ij}}$$

式中，$\sum_{i=1}^{n}\overline{b_{ij}}$ 为里昂惕夫逆矩阵第 j 列之和，$\frac{1}{n}\sum_{j=1}^{n}\sum_{i=1}^{n}\overline{b_{ij}}$ 为里昂惕夫逆矩阵列和的平均值，可以作为社会平均影响水平的参考值，经计算其值为 1.99。$\sum_{j=1}^{n}\overline{b_{ij}}$ 为里昂惕夫逆矩阵第 i 行之和，$\frac{1}{n}\sum_{i=1}^{n}\sum_{j=1}^{n}\overline{b_{ij}}$ 为里昂惕夫逆矩阵行和的平均值，可以作为社会平均感应度水平的参考值，经计算其值为 1.99。

最终获得浙江省 2012 年投入产出 42 个部门的影响力系数和感应度系数及其排名，如表 6－1 所示。

表 6－1　浙江省 2012 年投入产出 42 个部门的影响力系数和感应度系数

序号	部门名称	F_j	F_j排名	G_i	G_i排名
1	农林牧渔产品和服务	1.08	36	1.67	17
2	煤炭采选产品	1.52	28	4.00	6
3	石油和天然气开采产品	0.00	42	3.16	8
4	金属矿采选产品	2.51	16	1.57	19
5	非金属矿和其他矿采选产品	2.06	23	0.59	29
6	食品和烟草	2.00	24	0.96	24
7	纺织品	2.66	13	2.05	12
8	纺织服装鞋帽皮革羽绒及其制品	2.59	14	0.67	28
9	木材加工品和家具	2.51	15	0.91	25
10	造纸印刷和文教体育用品	2.73	9	2.84	10
11	石油、炼焦产品和核燃料加工品	1.08	37	1.90	15
12	化学产品	2.69	11	9.24	2
13	非金属矿物制品	2.40	17	1.37	21
14	金属冶炼和压延加工品	3.37	1	12.66	1
15	金属制品	2.94	6	1.64	18
16	通用设备	3.00	4	1.95	14

续表

序号	部门名称	F_j	F_j排名	G_i	G_i排名
17	专用设备	2.68	12	1.12	23
18	交通运输设备	2.95	5	1.19	22
19	电气机械和器材	3.11	2	2.51	11
20	通信设备、计算机和其他电子设备	2.89	7	2.04	13
21	仪器仪表	2.74	8	0.71	27
22	其他制造产品	2.39	18	0.28	35
23	废品废料	3.04	3	4.16	5
24	金属制品、机械和设备修理服务	2.23	20	0.46	32
25	电力、热力的生产和供应	2.09	21	5.58	3
26	燃气生产和供应	1.18	33	0.35	34
27	水的生产和供应	1.72	26	0.20	38
28	建筑	2.71	10	0.12	41
29	批发和零售	0.93	38	2.85	9
30	交通运输、仓储和邮政	1.45	32	3.62	7
31	住宿和餐饮	1.47	29	0.81	26
32	信息传输、软件和信息技术服务	1.46	30	1.49	20
33	金融	0.84	39	4.82	4
34	房地产	0.31	41	0.49	31
35	租赁和商务服务	1.91	25	1.88	16
36	科学研究和技术服务	2.25	19	0.42	33
37	水利、环境和公共设施管理	1.45	31	0.11	42
38	居民服务、修理和其他服务	1.16	34	0.50	30
39	教育	1.12	35	0.20	37
40	卫生和社会工作	2.08	22	0.16	40
41	文化、体育和娱乐	1.65	27	0.25	36
42	公共管理、社会保障和社会组织	0.71	40	0.18	39

注：F_j为影响力系数，G_i为感应度系数。

从表6－1可以看出，影响力系数居前五的部门依次为：金属冶炼和压延加工品、电气机械和器材、废品废料、通用设备、交通运输设备，加大对这些部门的投入会对经济产生较大的拉动作用。感应度居于前五的部门依次为金属冶炼和压延加工品，化学产品，电力、热力的生产和供应，金融，废品废料，增加对这些部门的投入会在一定程度上满足其他部门对该部门的需求，促进经济的发展。

（2）投入产出各部门对国民经济影响分析

影响力系数较大的部门对经济的拉动作用较强，感应度较大的部门对经济的制约程度较大，因此，如果一个部门的影响力系数和感应度系数都较大，则可以认为该部门在国民经济中占据比较重要的位置（管帆，2012），因而可以根据影响力系数和感应度系数的大小，将浙江省 2012 年投入产出表中的 42 个部门分为四类：A 类部门，影响力系数大于 1.99，感应度系数大于 1.99；B 类部门，影响力系数小于 1.99，感应度系数大于 1.99；C 类部门，影响力系数小于 1.99，感应度系数小于 1.99；D 类部门，影响力系数大于 1.99，感应度系数小于 1.99，如图 6－1 所示，其中影响力系数为横坐标，感应度系数为纵坐标。具体各部门所属类别如表 6－2 所示。

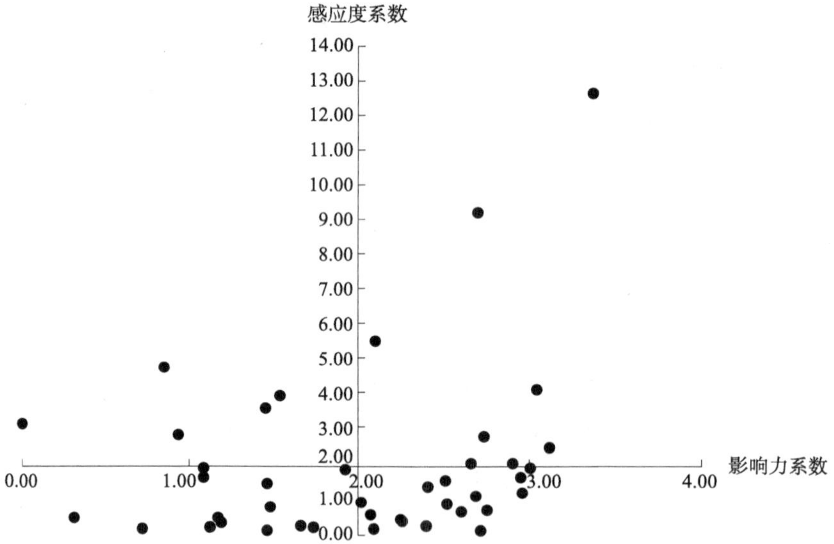

图 6－1　基于影响力系数和感应度系数的部门分类

表 6－2　基于影响力系数和感应度系数的部门分类

部门类别	部门名称
A 类部门	金属冶炼和压延加工品
	电气机械和器材
	废品废料
	造纸印刷和文教体育用品
	化学产品
	纺织品
	电力、热力的生产和供应
	通信设备、计算机和其他电子设备
B 类部门	金融
	煤炭采选产品
	交通运输、仓储和邮政
	石油和天然气开采产品
	批发和零售
C 类部门	房地产
	公共管理、社会保障和社会组织
	教育
	居民服务、修理和其他服务
	农林牧渔产品和服务
	燃气生产和供应
	石油、炼焦产品和核燃料加工品
	水的生产和供应
	水利、环境和公共设施管理
	文化、体育和娱乐
	信息传输、软件和信息技术服务
	住宿和餐饮
	租赁和商务服务
D 类部门	通用设备
	交通运输设备
	金属制品
	仪器仪表

续表

部门类别	部门名称
D 类部门	建筑
	专用设备
	纺织服装鞋帽皮革羽绒及其制品
	木材加工品和家具
	金属矿采选产品
	非金属矿物制品
	其他制造产品
	科学研究和技术服务
	金属制品、机械和设备修理服务
	卫生和社会工作
	非金属矿和其他矿采选产品
	食品和烟草

根据表 6－2，并结合《国民经济行业分类》（GB/T 4754—2011）进行分析，A 类部门有 8 个，分别为金属冶炼和压延加工品，电气机械和器材，废品废料，造纸印刷和文教体育用品，化学产品，纺织品，电力、热力的生产和供应，通信设备、计算机和其他电子设备，均属于第二产业。A 类部门相对来说和其他部门之间的关联性较高，对国民经济发展具有较大影响力和制约性。一方面，这类部门在生产过程中消耗其他部门的产品，会提高对其他部门的需求，刺激经济发展；另一方面，这类部门为其他部门的中间消耗提供原料，它们迅速发展，会在短期内扩展市场份额，满足其他部门的需求，进而促使经济上行发展，而对该类部门的投入，能在较短时间内对经济产生影响。

B 类部门有 5 个，其中煤炭采选产品，石油和天然气开采产品属于第二产业；金融，交通运输、仓储和邮政，批发和零售属于第三产业。该类部门感应度系数明显大于影响力系数，因而这类产业对经济拉动作用较小，但具有较强的制约性，属于经济发展的基础性产业。

C 类部门有 13 个，其中农林牧渔产品和服务属于第一产业；燃气生产和供应，石油、炼焦产品和核燃料加工品，水的生产和供应属于第二产业；其余均属于第三产业。该类部门对国民经济的影响力和制约性都较小，与其他部门的关联性也不高。

D 类部门有 16 个，其中科学研究和技术服务，金属制品、机械和设备修理服务，卫生和社会工作属于第三产业，其余均属于第二产业。该类部门的影响力系数明显大于感应度系数，因而对国民经济的拉动作用较强，是经济发展的中坚力量，具有主导产业的性质，这些部门的发展会通过其普遍具有的冗长上下游产业链，带动相关部门增长，从而带动整个国民经济的发展。

6.1.3.3 边际消费倾向计算

本篇引入边际消费倾向估算消费支出，运用 EViews 计量软件，采用《江山统计年鉴》中 2007—2015 年农村居民人均可支配收入和居民人均消费性支出拟合消费函数模型：

$$y = \beta_1 + \beta_2 x$$

式中，y 为消费性支出，x 为可支配收入，β_1 为居民自主性消费，β_2 为边际消费倾向。运用 EViews 计量软件对数据进行回归分析得到参数，拟合结果为：

$$y = 1872.514 + 0.588x$$

模型的方差分析结果为：拟合优度 $R^2 = 0.985973$，说明模型拟合效果良好，$P = 0.0000 < 0.0001$，说明模型的置信度达到 99.99% 以上。

模型回归参数如表 6－3 所示。

表 6－3 消费函数模型回归参数

变量	回归系数	标准误差	T 统计	P 值
β_1	1872.514	321.5616	5.823188	0.0000
β_2	0.587609	0.026490	22.18190	0.0000
R－squared	0.985973	Adjusted R－squared		0.983969
F－statistic	492.0367	Prob（F－statistic）		0.000000

从表 6－3 可以看出，变量 β_1、β_2 对应的 P 值均小于 0.001，即

在显著水平0.001的情况下具有显著性，因此β_1可取值为1872.514，β_2可取值为0.588。本篇使用收入增量乘以边际消费倾向估算消费增量，使收入增量转为消费增量。

6.1.3.4　高标准农田建设项目投资县域经济拉动测算

（1）直接拉动效应测算

① 第一次拉动效应测算。将江山市“十二五”高标准农田建设项目投入产出汇总表（参见附表3）中各部门中间投入值乘以各部门影响力，即可获得高标准农田建设项目对江山市经济的一次拉动效应（见表6－4）。

表6－4　江山市高标准农田建设项目对江山市经济一次拉动效应汇总

（万元）

部门	中间投入	一次拉动效应
第一产业	1803.16	1947.63
第二产业	41866.9	108938.9
第三产业	3068.06	6824.97
总计	46738.12	117711.5

根据计算结果，可知江山市高标准农田建设项目中间投入直接涉及22个部门。对一次拉动效应按降序排列，可知一次拉动效应排名前五的为：建筑业，非金属矿物制品，科学研究和技术服务，金属冶炼和压延加工品，木材加工品和家具。22个部门中，有16个影响力系数大于1.99，都对经济具有较强的影响力，高标准农田建设项目投资这些部门，能够强有力地拉动经济增长。此外，从产业角度来说，以上22个部门除了农林牧渔产品和服务属于第一产业，金属制品、机械和设备修理服务，租赁和商务服务，科学研究和技术服务，水利、环境和公共设施管理4个部门属于第三产业外，其余产业均属于第二产业，且绝大部分属于制造业，而制造业是国民经济增长的重要支柱，也是经济增长的主导部门，进一步说明了高标准农田建设投资可以促进经济上行发展。

② 第二次拉动效应测算。将高标准农田建设项目劳动报酬总量乘以边际消费倾向，可获得由于劳动收入增加产生的消费量，再根据江山市居民在各部门的消费比例来分摊这部分费用，即可将消费增量划分到各个部门。消费分配到各部门的部分可视为对相关产业的中间投入值，该值乘以相应部门的影响力系数即可得到各高标准农田建设项目对县域经济的二次拉动效应（见表6－5）。

表6－5 江山市高标准农田建设项目对江山市经济第二次拉动效应汇总

（万元）

部门	消费比例	劳动报酬消费	二次拉动效应
建筑业	11.52%	104.96	284.04
食品和烟草业	10.92%	99.51	199.32
农林牧渔业	14.56%	132.68	143.31
纺织业	3.94%	35.86	95.24
卫生和社会工作	4.93%	44.90	93.42
木材加工及家具制造业	3.84%	34.99	87.73
交通运输、仓储和邮政业	5.72%	52.09	75.28
信息传输、计算机服务和软件业	4.88%	44.47	64.72
纺织服装鞋帽皮革羽绒及其制品业	2.62%	23.89	61.95
批发和零售业	7.28%	66.34	61.57
住宿和餐饮业	3.64%	33.17	48.77
文化、体育和娱乐业	3.11%	28.37	46.75
造纸印刷及文教体育用品制造业	1.43%	12.99	35.46
交通运输设备制造业	1.32%	12.01	35.42
通信设备、计算机及其他电子设备制造业	1.33%	12.13	35.10
租赁和商务服务业	1.92%	17.49	33.35
教育	3.18%	28.99	32.43
金属制品、机械和设备修理服务业	0.97%	8.83	25.97
电力、热力的生产和供应业	1.35%	12.30	25.69
仪器仪表及文化办公用机械制造业	0.88%	8.03	22.03
其他制造业	1.00%	9.10	21.75

续表

部门	消费比例	劳动报酬消费	二次拉动效应
科学研究和技术服务业	0.92%	8.36	18.78
专用设备制造业	0.70%	6.41	17.18
水的生产和供应业	1.06%	9.70	16.71
金属制品业	0.66%	5.98	13.35
居民服务和其他服务业	1.01%	9.18	10.66
通用制造业	0.36%	3.28	9.85
公共管理、社会保障和社会组织	1.41%	12.83	9.11
燃气生产和供应业	0.79%	7.19	8.47
房地产业	1.92%	17.50	5.39
煤炭采选业	0.27%	2.42	3.68
水利、环境和公共设施管理业	0.26%	2.38	3.46
金融业	0.30%	2.69	2.26
总计	100.00%	911.02	1648.20

根据计算结果，将高标准农田建设项目对江山市经济的二次拉动效应按降序排列，可知排名前五的部门为建筑业、食品和烟草业、农林牧渔业、纺织业、卫生和社会工作。可见，江山市高标准农田建设项目参与者劳动报酬转化为消费所能带动的部门与其生活息息相关，这将提高相关劳动者的生活水平，而消费具有习惯性，因而这种内需的刺激不是一次性的，而可能是持续性的，使高标准农田建设对县域经济产生持续有力的拉动作用，从一定程度上来说，高标准农田建设也是刺激内需的一种途径。

③ 直接拉动效应加总。综合第一次拉动效应和第二次拉动效应，可获得高标准农田建设项目对江山市经济的直接拉动效应。直接拉动效应为 119359.66 元，其中一次拉动效应为 117711.5 万元，二次拉动效应为 1648.20 万元。总投资 54244.51 万元，直接拉动系数 = 119359.66/54244.51 = 2.20。

（2）间接拉动效应测算

由于目前江山市大多数高标准农田建设项目还未投入实际运营或刚投入实际运营不久，农民从高标准农田建设带来的农业改变中获得的新增收益还难以准确衡量，因此本篇的间接拉动效应主要测算江山市高标准农田项目建设受益人员的收入增加量，以此来带动消费，从而拉动县域经济增长。

笔者通过调研得到，“十二五”期间江山市高标准农田建设受益人数为97530人，农民人均农业年收入增加3335元，因高标准农田建设受益的农民农业年收入增加总量约为32526.26万元。总量乘以边际消费倾向，可获得由于劳动收入增加产生的消费量，再根据江山市居民在各部门的消费比例来分摊这部分费用，即可将消费增量划分到各个部门。消费分配到各部门的部分可视为对相关产业的中间投入值，该值乘以相应部门的影响力系数即可得到各高标准农田建设项目对江山市经济的间接拉动效应（见表6－6）。

表6－6 江山市高标准农田建设项目对江山市经济间接拉动效应汇总

（万元）

部门	消费比例	新增收入消费	间接拉动效应
建筑业	11.52%	2201.96	5959.19
食品和烟草业	10.92%	2087.74	4181.77
农林牧渔业	14.56%	2783.65	3006.67
纺织业	3.94%	752.34	1998.10
卫生和社会工作	4.93%	941.95	1959.83
木材加工及家具制造业	3.84%	733.99	1840.60
交通运输、仓储和邮政业	5.72%	1092.86	1579.42
信息传输、计算机服务和软件业	4.88%	932.94	1357.82
纺织服装鞋帽皮革羽绒及其制品业	2.62%	501.22	1299.70
批发和零售业	7.28%	1391.82	1291.69
住宿和餐饮业	3.64%	695.91	1023.24
文化、体育和娱乐业	3.11%	595.22	980.72
造纸印刷及文教体育用品制造业	1.43%	272.49	743.86

续表

部门	消费比例	新增收入消费	间接拉动效应
交通运输设备制造业	1.32%	251.98	743.13
通信设备、计算机及其他电子设备制造业	1.33%	254.47	736.29
租赁和商务服务业	1.92%	366.93	699.70
教育	3.18%	608.25	680.38
金属制品、机械和设备修理服务业	0.97%	185.35	544.87
电力、热力的生产和供应业	1.35%	257.98	538.88
仪器仪表及文化办公用机械制造业	0.88%	168.39	462.20
其他制造业	1.00%	190.82	456.32
科学研究和技术服务业	0.92%	175.36	393.91
专用设备制造业	0.70%	134.56	360.43
水的生产和供应业	1.06%	203.54	350.55
金属制品业	0.66%	125.39	280.18
居民服务和其他服务业	1.01%	192.49	223.68
通用制造业	0.36%	68.91	206.75
公共管理、社会保障和社会组织	1.41%	269.13	191.17
燃气生产和供应业	0.79%	150.93	177.75
房地产业	1.92%	367.06	113.09
煤炭采选业	0.27%	50.71	77.22
水利、环境和公共设施管理业	0.26%	49.91	72.52
金融业	0.30%	56.47	47.33
总计	100.00%	19112.72	34578.96

根据计算结果，江山市高标准农田建设项目对江山市经济的间接拉动效应为34578.94万元，拉动系数为0.64。

（3）高标准农田建设项目对县域经济总拉动效应

将直接拉动和间接拉动加和，即可得到高标准农田建设项目对江山市经济总的拉动效应，江山市高标准农田建设项目对江山市经济的拉动效应总额为153938.60万元，其中直接拉动效应为119359.66万元，间接拉动效应为34578.96万元。总投资拉动系数为 2. 84。

6. 1. 3. 5 高标准农田建设促进江山市经济发展评估总结

① 江山市高标准农田建设项目对江山市经济的拉动效应总额为 153938. 60 万元，其中直接拉动效应为 119359. 66 万元，间接拉动效应为 34578. 94 万元。直接拉动效应中，一次拉动效应为 117711. 46 万元，二次拉动效应为 1648. 20 万元。直接拉动系数为 2. 20，总投资拉动系数为 2. 84。反映出高标准农田建设对江山市经济具有 2. 84 倍乘数的拉动作用，且一次拉动作用大于间接拉动作用、大于二次拉动作用。

② 江山市高标准农田建设项目对江山市经济的一次拉动效应最显著的是建筑、非金属矿物制品、科学研究和技术服务、金属冶炼和压延加工品、木材加工品和家具五个部门。且项目建设中间投入直接涉及 22 个部门，其中大部分属于制造业，而制造业是国民经济增长的重要支柱，也是经济增长的主导部门，进一步说明了高标准农田建设投资可以促进经济上行发展。

③ 江山市高标准农田建设项目对江山市经济的二次拉动与间接拉动效应最显著的是建筑业、食品和烟草业、农林牧渔业、纺织业、卫生和社会工作五个部门。可见，高标准农田建设项目参与者劳动报酬转化为消费所能带动的部门与其生活息息相关，这将提高相关劳动者的生活水平，由于消费具有习惯性，因此这种内需的刺激不是一次性的，而是持续性的，从而使高标准农田建设对江山市经济产生持续有力的拉动作用，一定程度上来说，高标准农田建设也是刺激内需的一种途径。

④ 浙江省的 42 个产业部门中，有 8 个产业部门的影响力与感应度均高于社会平均水平，这类部门和其他部门之间的关联性较高，对国民经济发展具有较大的影响力和制约性；有 16 个部门影响力较高而感应度较低，该类部门对国民经济的拉动作用较强，是经济发展的中坚力量，具有主导产业的性质，这些部门的发展会通过其普

遍具有的冗长的上下游产业链，带动相关部门增长，从而带动整个国民经济的发展；有 5 个部门感应度较高而影响力较低，这类产业对经济拉动作用较小，但具有较强的制约性，属于经济发展的基础性产业；有 13 个部门影响力和感应度均较低，该类部门对国民经济的影响力和制约性都较小，与其他部门的关联性也不高。

6.1.4 高标准农田建设促进江山市社会发展评估

以第五章指标体系为基础，结合江山市实际基本情况，从保障粮食安全、促进城乡统筹发展、改善农业生产与经营方式以及提高资源利用效率四个方面选取指标进行计算，从而分析出高标准农田建设对江山市社会发展影响程度。

6.1.4.1 高标准农田建设保障粮食安全

（1）提高粮食生产能力指标计算

① 新增耕地面积：

江山市从 2012 年开始进行高标准基本农田建设，分为提升类高标准农田建设项目和建设类高标准农田建设项目，都是在原有耕地（基本农田）的基础上进行开发建设，没有产生新增的耕地面积，即新增耕地面积为 0。所以在此，本篇用新增高标准农田面积代替新增耕地面积，用高标准农田占耕地比率代替新增耕地比率。

新增高标准农田面积 = 整治后高标准农田面积 − 整治前高标准农田面积 = 20.46 万亩；

高标准农田占耕地比率 = 高标准农田面积/耕地总面积 × 100% = 20.46/52.15 × 100% = 39.23%。

通过高标准农田建设，江山市将部分基本农田整理成高标准农田，并且已占到所有耕地的 39.23%。高标准农田的生产能力及机械化种植程度，远超过普通基本农田，这为提高粮食产量、保障粮食安全提供了良好基础。

② 新增粮食产值：

用整治措施全部生效时的新增粮食产量表示提高的粮食生产能力。

$$P = F \times \Delta p$$

式中：P——整治措施全部生效后新增粮食产量，公斤/亩；

F——县域（这里是江山市）高标准农田建设规模，亩；

Δp——整治实施后每年单位面积增产量，公斤/亩。

$$\Delta p = p_a - p_b$$

式中：p_a——整治措施全部生效后每年单位面积产量，公斤/亩；

p_b——整治实施前每年单位面积产量，公斤/亩；

根据典型项目调研情况，p_a的平均值为970.7公斤/亩，p_b的平均值为872.28公斤/亩，江山市高标准农田建设面积20.46万亩。

$\Delta p = p_a - p_b = 970.7 - 872.28 = 98.42$ 公斤/亩；

$P = F \times \Delta p = 204600 \times 98.42 = 20136732$ 公斤。

高标准农田项目的建成，大大提高了粮食产量，种植条件不断完善，机械化利用水平提高，每亩地年产值提高98.42公斤，总提高值达到20136732公斤。

（2）降低耕地生产风险指标计算

根据调研实际情况，本篇选取粮食稳定性指数变化率反映降低耕地生产风险情况。

粮食稳定性指数变化率=（整治后粮食稳定性指数－整治前粮食稳定性指数）/整治前粮食稳定性指数

$$F = 1 - \left[\frac{1}{n}\sum_{i=1}^{n}(D_i - D)^2)^{\frac{1}{2}}\right] \Big/ D$$

式中：F为粮食稳定性指数，D_i为第i年粮食单产，D为平均单产，n为所选年的个数，取2。

根据江山市实际情况，$D = 872.28$公斤/亩，$D_{2011} = 915.5$公斤/亩，$D_{2015} = 950.2$公斤/亩，$n = 2$。

$$F_1 = 1 - 43.22/872.28 = 0.951;$$

$$F_2 = 1 - 77.92/872.28 = 0.911;$$

粮食稳定性指数变化率 =（0.951 − 0.911）/0.911 = 4.39%。

粮食稳定性指数的提高，是降低耕地风险的重要标志。规模化种植、高产稳产、旱涝保收的高标准农田是保障粮食安全的重要途径，江山市粮食稳定性指数的提高，提升了农民对耕地的热情，增强了对土地再投入的意愿。

6.1.4.2 高标准农田建设促进城乡统筹发展

（1）提高农民收入水平指标计算

① 农民人均农业纯收入变化率：

农民人均农业纯收入变化率 =［（整治后人均农业纯收入 − 整治前人均农业纯收入）/整治前人均农业纯收入］×100%

农民人均纯收入 = 整治区域农业纯收入/该区域农村居民人口数

农民人均农业纯收入变化率 =［（15470 − 12135）/12135］×100% = 27.48%。

② 农民人均新增农业年收入：

农民人均新增农业年收入 = 整治区域农业新增产值/该区域农村居民人口数 = 3335 元。

③ 富余劳动力人口：

富余劳动力人口 = 整治前劳动力人口总数 − 整治后劳动力人口总数

富余劳动力人口包括外出打工的劳动力人口数量。

根据江山市实际情况，富余劳动力人口 = 参与项目施工人口（停止耕种）+ 外出打工人口 = 1670 + 95860 = 97530 人。

通过高标准农田的建设，农民的农业收入明显提高，由于耕种条件的不断完善，机械化种植的不断推广，促使农民有更多时间进行非农就业，减少了耕地农民的数量，富余的劳动力人口可外出打工，获得额外收益，大大提高农民的收益水平。

（2）提高农民生活便利程度指标计算

① 田块破碎度减少率：

根据江山市实际情况及调研资料获取情况，在此选取耕地田块破碎度减少率代替田块集中变化率。

田块破碎度（I）的计算公式：

$$I = \frac{(N - 1)}{M}$$

式中：N 为整治区域中的田块的个数；M 为平均田块规模 km^2。

田块破碎度减少率 =36.91% −70.66% = −33.75%。

② 田块分离度减少率：

根据江山市实际情况及调研资料获取情况，在此选取耕地田块分离度减少率代替耕地聚集度变化率。

田块分离度（A）的计算公式：

$$A = \frac{D}{B}$$

$$D = \frac{1}{2}\sqrt{\frac{N}{S}}$$

$$B = \frac{S}{E}$$

式中：D 为田块的距离指数；B 为田块的面积指数；N 为整治区域中田块的个数；S 为田块的总面积 km^2；E 为整治区域中的土地总面积 km^2。

田块分离度减少率 =29.43% −36.54% = −7.11%。

③ 公共设施用地占地比例变化率：

公共设施用地占地比例变化率 = 整治后公共设施用地占地比率 − 整治前公共设施用地占地比率

根据典型项目调查及查阅相关统计资料：

公共设施占地比例变化率 =14.2% −8.34% =5.86%。

田块破碎度和田块分离度的降低，为百姓带来了更好的生产生活条件，提高种植效率。同时，公共设施占地比率的上升，为百姓生活水平的提高带来了必要条件。通过高标准农田的开发整理，促进土地的集约节约利用，使土地的利用效率明显提高。

（3）提高农民满意度指标计算

① 农民对工程建设质量情况满意度：

农民对工程建设质量情况满意度 = 农民对工程建设质量满意度总分/被调查农民总数/10 × 100%

② 农民对生活便利程度提高满意度：

农民对生活便利程度提高满意度 = 农民对生活便利程度提高满意度总分/被调查农民总数/10 × 100%

③ 综合满意度：

综合满意度 = 农民对工程满意度总分/被调查农民总数/10 × 100%

式中：每个农民对工程满意度需要对农民进行关于项目的详细问卷调查，采取10分制方法进行评价打分。

根据村民的问卷调查，抽样人口共150人。

农民对工程建设质量情况满意度 = 1425/150/10 × 100% = 95%；

农民对生活便利程度提高满意度 = 1470/150/10 × 100% = 98%；

综合满意度 = 1425/150/10 × 100% = 95%。

农民满意度的提高是对高标准农田建设成果的最好肯定。通过土地整治、田块合并、道路规划、灌排技术提高，改变农民生产生活条件。粮食增产、收入提高、粮食生产所用劳动力减少、交通更加便利，都促进了农民的满意度提高。

6.1.4.3 高标准农田建设改善农业生产与经营方式

（1）改善农业生产方式指标计算

① 可机耕面积变化率：

可机耕面积变化率 = [（整治后可机耕面积 − 整治前可机耕面积）/农地总面积] × 100%

可机耕面积变化率 = （19.83万亩/52.15万亩） × 100% = 38.02%。

② 旱涝保收面积变化率：

旱涝保收面积变化率＝[（整治后旱涝保收面积－整治前旱涝保收面积)/农地总面积]×100%

旱涝保收面积变化率＝（16.26万亩/52.15万亩）×100%＝31.18%。

③ 田间通达度变化率：

田间通达度变化率＝[（整治后田间通达度－整治前田间通达度)/整治前田间通达度]×100%

田间道路通达度＝（田间道路直接通达耕作田块数/项目区总田块数）×100%

整治后田间道路通达度＝97.17%；

整治前田间道路通达度＝65%；

田间通达度变化率＝(97.17%－65%)/65%＝49.49%。

可机耕面积和旱涝保收面积的提高，是提高粮食产量和农民收入的重要基础，也是高标准农田建设的重要目标。同时，田间道路通达度的便利，也大大提高了农民生活生产效率和水平，机械化水平是反映高标准农田建设成果的重要指标，农民从以前的亲自耕种到大面积机械化种植，从以前的低产低效到现在的高产稳产，解放了劳动力，改善了农业生产方式。

（2）改善农业经营方式指标计算

① 土地流转率：

土地流转率＝（土地流转面积/农用地土地总面积）×100%

土地流转率＝（10.43万亩/52.15万亩）×100%＝20%。

根据江山市实际情况，流转土地全部为高标准农田，因为高标准农田土地利用效率高，且流转金高，即农民不用参与耕种，也能获得土地流转收入，所以采用高标准农田土地流转率来进行计算。

高标准农田土地流转率＝10.43万亩/20.46万亩×100%＝51%。

② 优质作物推广变化率：

优质作物推广变化率＝整治后优质作物推广率－整治前优质作物推广率

优质作物推广率=整治区域中农作物良种推广面积/该区域农作物播种面积。

如该地区有示范农业区，可利用以下公式计算：

优质作物推广率=（整治区域中农业示范区面积/该区域高标准农田总面积）×100%

根据江山市实际情况，选择农业大企业及种粮大户的示范区面积进行计算。

优质作物推广率=（6.3万亩/20.46万亩）×100%=30.79%。

高标准农田建设的另一显著成效就是提高了农民对土地流转的意愿和土地流转价格。经过土地整治、田块合并、道路平整等工程，以及机械化种植和现代化灌排技术的推广，不仅提高了生产效率，更形成大规模的优质作物示范区。同时，种植大户和家庭农场通过土地流转、规模化种植，提高了土地价值，改善了原有的农业经营方式。

6.1.4.4 高标准农田建设提高资源利用效率

（1）提高土地利用效率

①土地生产率提高率：

土地生产率提高率=[（整治后的土地生产率-整治前的土地生产率）/整治前土地生产率]×100%

土地生产率=种植作物的总产值/作物的播种面积

整治前土地生产率=156064/2019.03=77.30万元/平方公里；

整治后土地生产率=177862/2019.03=88.09万元/平方公里；

土地生产率提高率=(88.09-77.30)/77.30×100%=13.96%。

②土地利用率提高率：

土地利用率提高率=整治后的土地利用率-整治前的土地利用率

土地利用率=已经利用的土地面积/土地总面积

根据江山市实际情况，高标准农田建设都是在原有农地上进行开展，土地利用面积并未产生变化，所以土地利用效率没有发生改变。

（2）提高水资源利用效率

高标准农田建设在保证粮食增产稳产的同时，要求对水资源的合理充分利用，根据县域的具体情况，采取不同的节水用水方式。高标准农田建设过程中，通过完善农田灌溉设施，采用节水灌溉方式，可以大大提高水资源的利用效率，达到节水增收的目的。通过引进先进的灌溉设施，采取合理的灌溉手段，达到提高水资源利用效率的目标。本篇采用灌溉水利用系数进行评价。

据调查，不同的灌溉技术措施，其节水效果差异较大，现阶段推广的节水灌溉方法中，微灌一般可节水30% ~50%，节水效果最好；喷灌可节水20% ~30%，仅次于微灌；管道输水及渠道防渗可节水10% ~20%，有明显节水效果。在了解整治前后灌溉水利用系数的基础上，可以进一步计算累计节水量，公式如下：

$$W = (\eta_a - \eta_b) m A$$

式中：W——节水量，m^3；

η_a——整治后灌溉水利用系数；

η_b——整治前灌溉水利用系数；

m——单位面积用水量，m^3/hm^2；

A——灌溉面积，hm^2。

$W = (\eta_a - \eta_b)mA = 10\% \times 3150 \times 4510.8 = 1420902m^3$。

（3）提高经营效率

高标准农田建设通过科学的土地整治工程，提高土地生产能力，增加农民收入，改善生活生产条件，为农民提高了经营效率。农民通过产投比可以直观了解高标准农田建设带来的积极作用，因此选取农户产投比提高率对经营效率的提高进行评价。

农户产投比提高率 = 整治后农户平均产投比 − 整治前农户平均产投比

农户平均产投比 = 农户平均产值/农户平均投入 ×100%

整治前农户平均产投比 = 3100/2000 ×100% = 155%；

整治后农户平均产投比 = 3500/1500 ×100% = 233%；

农户产投比提高率 =233% −155% =78%。

土地生产效率和水资源利用效率是集约节约利用土地和水资源的重要途径，同时为提高经营效率打下良好基础。只有降低成本、提高收益才能实现资源利用的效益最优。江山市通过高标准农田建设，土地生产效率和水资源利用效率的明显提高，促进了农户产投比的不断上升。指标测算结果，如表 6 −7 所示。

表 6 −7　高标准农田建设促进江山市社会发展指标测算结果

准则层	次准则层	指标层	指标结果
保障粮食安全	提高粮食生产能力	新增高标准农田面积	20.46 万亩
		高标准农田占耕地比率	39.23%
		新增粮食产值	20136732 公斤
	降低耕地生产风险	粮食稳定性指数变化率	4.39%
促进城乡统筹发展	提高农民收入水平	农民人均农业纯收入变化率	27.48%
		农民人均新增农业年收入	3335 元
		富余劳动力人口数	97530 人
	提高农民生活便利程度	田块破碎度减少率	−33.75%
		田块分离度减少率	−7.11%
		公共设施用地占地比例变化率	5.86%
	提高农民满意度	农民对工程建设质量情况满意度	95%
		农民对生活便利程度提高满意度	98%
		综合满意度	95%
改善农业生产与经营方式	改善农业生产方式	可机耕面积变化率	38.02%
		旱涝保收面积变化率	31.18%
		田间通达度变化率	49.49%
	改善经营方式	土地流转率	20%
		高标准农田土地流转率	51%
		优质作物推广变化率	30.79%
提高资源利用效率	提高土地利用效率	土地生产率提高率	13.96%
		土地利用率提高率	0
	提高水资源利用效率	节水量	1420902 立方米
	提高经营效率	农户产投比提高率	78%

6.1.4.5 高标准农田建设促进江山市社会发展评估总结

本篇通过对江山市典型高标准农田项目调研及全市所有高标准农田项目验收数据分析，以准确数据为基础，结合专家意见，对高标准农田建设促进江山市社会发展进行总结。

① 提高了土地质量和生产能力。江山市通过高标准农田建设，实现灌排水平大幅提高，使农田有机质含量、农作物所需元素得到保持和提高，把原来大部分的三等田提升到二等田，部分区域达到一等田，建成的20.46万亩高标准农田均产量得到大幅度提升，产值明显提高，同时将原来的部分荒地进行开发，达到高标准农田标准，新增粮食产值达到20136732公斤。

② 降低了劳动成本，提高了机械化种植率。由于项目区农田得到平整，路、渠等基础设施工程建设达标，田间通达度变化率达到49.49%，实现了机械化作业，减少劳动力使用，从而大幅度降低劳动成本。富余劳动力人口达到97530人，更多农民有时间打工、创业，实现非农就业。同时，农户平均产投比提高78%，大大提高了经营效率。

③提高了土地流转价格和农民收入。在进行高标准农田建设之前，田块大小不一，且高低落差大，机耕道路不通，现代化机械很难作业，致使农田耕种只能靠人工，土地流转价格低，农民甚至不愿意将土地流转，导致部分农田出现荒芜现象。江山市通过高标准农田建设，道路情况明显改善，农田可以机械化耕种，土地可成片流转，土地流转率达到20%，高标准农田土地流转率达到51%。许多农民愿意将整治后的高标准农田流转给种田大户，使农民在不耕种的前提下，每年还可获得土地流转金。而且，土地流转价格从原来的每年200～300元/亩提高至500～700元/亩，最高可达1000元/亩。

④ 提高了农田抗洪排涝能力。通过水利灌溉排涝、机耕道路修整等工程措施，建成完善的高标准农田配套设施，明显提高农田抗

洪排涝能力，提高了防御自然灾害能力，其中可机耕面积提高率为38.02%，旱涝保收面积提高率为31.18%，同时使周边项目的整治形成良性循环，带动其他田块的整治意愿。

⑤ 提高了社会满意度。江山市通过高标准农田建设，实现田成方、路成网、水利配套、旱涝保收，给农民生产生活条件提供了便利，切实享受到整治后的效果，提升农民满意度。整治后，江山市的农田方格率达到95%，农民综合满意度超过95%。

6.2　高标准农田建设促进盘山县经济社会发展研究

6.2.1　盘山县基本情况

盘山县，辽宁省盘锦市市辖县，位于盘锦市的北部，辽河下游，渤海之滨。处于辽宁沿海经济带“N”字走向中心地带，紧邻“沈阳经济区”，位居辽东半岛与辽西走廊的会合处，位于东经121°34′~122°29′、北纬40°50′~41°27′，面积1735平方公里，辖10个镇，117个行政村，总人口22.58万人（2013年）。

盘山县处于辽河下游冲积平原，地势平坦低洼，境内有大辽河、双台子河、绕阳河等大小河流13条，三座平原水库（八一、红旗、青年）蓄水量达4000万立方米。境内沟渠纵横，广布沼泽洼地，沿海多滩涂。其气候属于南温带亚湿润区季风型大陆性气候，四季分明，春季多风。年平均气温8.8℃，年平均降水量605毫米，多集中在七八月。

6.2.2　调研方法及数据来源

笔者本次调研采用问卷、专家访谈及资料统计相结合的方式，对典型项目区涉及村委会和农民进行调查，并从当地自然资源部门获得盘山县所有高标准基本农田项目验收报告、投入产出表等资料。调研内容主要包括四个方面的信息：一是农户家庭情况、土地禀赋等基本信息；二是项目区高标准农田建设前后的基本情况对比；三是高标准农田建设前后农户生产生活方式变动情况，包括土地利用方式、劳动力就业、居住条件、收入状况等变动；四是农户对上述变动信息的解释。

数据来源包括：

①《盘山县土地利用总体规划》（2006—2020 年）；

②《盘山县建设高标准农田基本情况》（2012—2015 年）；

③《盘山县城市总体规划》（1999—2020 年）；

④《盘山县高标准基本农田综合成效评估工作手册》（2012—2015 年）；

⑤《盘山县高标准基本农田建设项目验收报告》（2012—2015 年）；

⑥《盘山县统计年鉴》（2008—2016 年）；

⑦《辽宁统计年鉴》（2013—2016 年）；

⑧《盘山县高标准基本农田建设项目设计报告》。

6.2.3 高标准农田建设促进盘山县经济发展评估

6.2.3.1 数据处理

本篇主要针对辽宁省盘锦市盘山县的高标准农田建设项目，运用投入产出法分析其对盘山县经济的拉动作用。所需经济社会数据来自 2008—2016 年《盘山县统计年鉴》（由盘山县统计局提供）、2012 年辽宁省投入产出表，高标项目投资数据来源于各项目申报书及预算书（由盘山县土地整理中心提供），高标准农田建设后期投资与消费情况，主要根据盘山县统计年鉴并结合实地调研获得。部门分类依据我国编制的 2012 年投入产出表部门分类进行划分，具体参见附表 1。

本篇采用 2012 年辽宁省投入产出表的原因同上一节采用 2012 年浙江省统计年鉴的原因相同，在此不再赘述。需进一步说明的是，由于无法获取盘山县高标准农田建设投资中投入县域外部分的数据，故而此次实证仅包含县域内拉动效应。且考虑到一般情况下，县域外投入仅占总投资的微小部分，故而将县域内拉动效应等同于总拉动效应。

（1）经济社会数据

通过分析 2016 年《盘山县统计年鉴》与实地调研数据，盘山县 2015 年农村居民消费总额为 123439.29 万元，居民消费主要集中于农林牧渔业、食品和烟草业、交通运输及仓储和邮政业、建筑业、电力及热力的生产和供应业等部门。将居民在各个部门中的消费额度从高到低排列，具体 42 个部门消费结构参见附表 4。

（2）项目投资数据

① 项目投资概况。

根据各项目《预算书》，可将高标准农田建设项目投入划归为四大类，即工程施工费、设备购置费、其他费用、不可预见费，其中工程施工费涉及人工费、材料费、机械费、主材费等，其他费用包含前期工程费、工程监理费、拆迁补偿费、竣工验收费、业主管理费。盘山县“十二五”期间共开展 18 个高标准农田建设项目，投资总计 35347.22 万元。其中，2012 年 10 个，共投资 22100.87 万元；2013 年 7 个，共投资 11352.06 万元；2015 年 1 个，共投资 1894.29 万元。

② 项目投入产出分类。

根据辽宁省 2012 年投入产出部门分类标准，将各高标准农田建设项目投入四大分类的细分划归到对应投入产出部门，并对相同的投入产出部门进行加总，各项目投入产出部门分类汇总参见附表 5。

6.2.3.2 影响力系数和感应度系数测算及分析

（1）影响力系数和感应度系数测算

根据收集到的资料以及 2012 年辽宁省 42 个部门投入产出基本流量表，通过三个步骤可计算出 42 个部门的影响力系数和感应度系数。

第一步：计算出直接消耗系数a_{ij}。

$$a_{ij} = \frac{x_{ij}}{g_j}(i,j = 1,2,\cdots,n)$$

式中，x_{ij}指第 j 部门对第 i 产品的消耗量；g_j指第 j 部门的总投入。

第二步：运用 MATLAB 计算出里昂惕夫逆矩阵。

$$\overline{B} = (1 - A)^{-1} = B + I$$

第三步：计算影响力系数 F_j、影响力辅助分析参数 m、感应度系数 G_i 和里昂惕夫逆矩阵列和的平均值 a。

$$F_j = \sum_{i=1}^{n} \overline{b_{ij}} (i,j = 1,2,\cdots,n) \qquad m = \frac{1}{n}\sum_{j=1}^{n}\sum_{i=1}^{n} \overline{b_{ij}}$$

$$G_i = \sum_{i=1}^{n} \overline{b_{ij}} (i,j = 1,2,\cdots,n) \qquad a = \frac{1}{n}\sum_{i=1}^{n}\sum_{j=1}^{n} \overline{b_{ij}}$$

式中，$\sum_{i=1}^{n} \overline{b_{ij}}$ 为里昂惕夫逆矩阵第 j 列之和，$\frac{1}{n}\sum_{j=1}^{n}\sum_{i=1}^{n} \overline{b_{ij}}$ 为里昂惕夫逆矩阵列和的平均值，可以作为社会平均影响水平的参考值，经计算其值为 1.00。$\sum_{j=1}^{n} \overline{b_{ij}}$ 为里昂惕夫逆矩阵第 i 行之和，$\frac{1}{n}\sum_{i=1}^{n}\sum_{j=1}^{n} \overline{b_{ij}}$ 为里昂惕夫逆矩阵行和的平均值，可以作为社会平均感应度水平的参考值，经计算其值为 1.00。

最终获得辽宁省 2012 年投入产出 42 个部门的影响力系数、感应力系数及其排名，如表 6－8 所示。

表 6－8　辽宁省 2012 年投入产出 42 个部门影响力系数和感应度系数

序号	部门名称	F_j	F_j排名	G_i	G_i排名
1	农林牧渔产品和服务	1.08	19	2.96	1
2	煤炭采选产品	0.47	32	1.56	11
3	石油和天然气开采产品	0.26	35	1.25	18
4	金属矿采选产品	1.28	14	1.61	10
5	非金属矿和其他矿采选产品	0.75	27	1.61	9
6	食品和烟草	2.26	4	1.79	5
7	纺织品	0.62	29	1.19	20
8	纺织服装鞋帽皮革羽绒及其制品	1.27	15	0.75	27
9	木材加工品和家具	1.48	11	1.04	24
10	造纸印刷和文教体育用品	1.04	21	1.70	6
11	石油、炼焦产品和核燃料加工品	2.05	5	1.19	21

续表

序号	部门名称	F_j	F_j排名	G_i	G_i排名
12	化学产品	2.36	3	2.72	2
13	非金属矿物制品	1.07	20	1.37	14
14	金属冶炼和压延加工品	2.98	1	2.62	3
15	金属制品	1.33	13	1.35	17
16	通用设备	0.99	22	1.02	25
17	专用设备	1.73	8	1.05	23
18	交通运输设备	1.69	9	1.67	7
19	电气机械和器材	1.94	6	1.19	19
20	通信设备、计算机和其他电子设备	1.33	12	1.64	8
21	仪器仪表	0.36	33	0.54	31
22	其他制造产品	0.10	40	0.11	38
23	废品废料	0.03	42	0.45	33
24	金属制品、机械和设备修理服务	0.13	38	0.27	36
25	电力、热力的生产和供应	1.24	17	1.14	22
26	燃气生产和供应	0.10	39	0.07	41
27	水的生产和供应	0.09	41	0.08	40
28	建筑	2.44	2	0.52	32
29	批发和零售	1.84	7	1.37	15
30	交通运输、仓储和邮政	1.19	18	2.05	4
31	住宿和餐饮	1.25	16	1.37	16
32	信息传输、软件和信息技术服务	0.78	26	0.63	29
33	金融	1.49	10	1.43	13
34	房地产	0.56	31	0.94	26
35	租赁和商务服务	0.78	25	1.51	12
36	科学研究和技术服务	0.60	30	0.71	28
37	水利、环境和公共设施管理	0.18	37	0.11	39
38	居民服务、修理和其他服务	0.74	28	0.58	30
39	教育	0.33	34	0.35	35
40	卫生和社会工作	0.82	24	0.24	37
41	文化、体育和娱乐	0.24	36	0.42	34
42	公共管理、社会保障和社会组织	0.92	23	0.05	42

注：F_j为影响力系数，G_i为感应度系数。

从表 6 – 8 可以看出，影响力系数居前五的部门依次为：金属冶炼和压延加工品，建筑，化学产品，食品和烟草，石油、炼焦产品和核燃料加工品，加大对这些部门的投入会对经济产生较大的拉动作用。感应度系数居于前五的部门依次为：农林牧渔产品和服务，化学产品，金属冶炼和压延加工品，交通运输、仓储和邮政，食品和烟草，增加对这些部门的投入会在一定程度上满足其他部门对该部门的需求，促进经济的发展。

（2）投入产出各部门对国民经济影响分析

根据影响力系数和感应度系数值的大小，将辽宁省 2012 年投入产出表中 42 个部门分为四类，A 类部门，影响力系数大于 1.00，感应度系数大于 1.00；B 类部门，影响力系数小于 1.00，感应度系数大于 1.00；C 类部门，影响力系数小于 1.00，感应度系数小于 1.00；D 类部门，影响力系数大于 1.00，感应度系数小于 1.00，如图 6 – 2 所示，其中影响力系数为横坐标，感应度系数为纵坐标。具体各部门所属类别如表 6 – 9 所示。

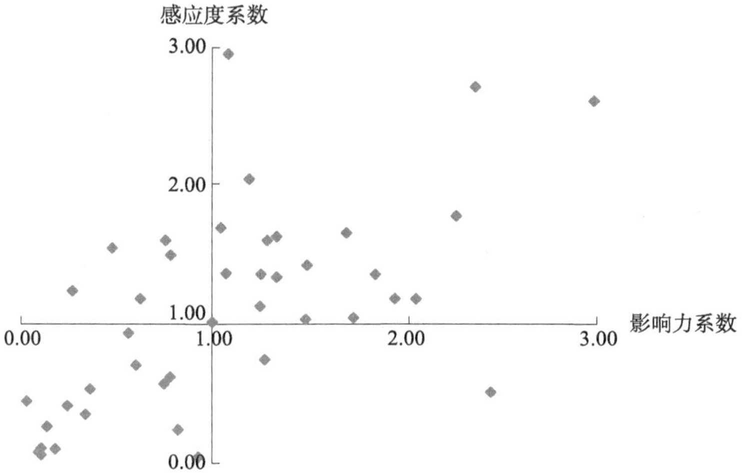

图 6 – 2　基于影响力系数和感应度系数的部门分类

表 6-9　基于影响力系数和感应度系数的部门分类

部门类别	部门名称
A 类部门	农林牧渔产品和服务
	金属矿采选产品
	食品和烟草
	木材加工品和家具
	造纸印刷和文教体育用品
	石油、炼焦产品和核燃料加工品
	化学产品
	非金属矿物制品
	金属冶炼和压延加工品
	金属制品
	专用设备
	交通运输设备
	电气机械和器材
	通信设备、计算机和其他电子设备
	电力、热力的生产和供应
	批发和零售
	交通运输、仓储和邮政
	住宿和餐饮
	金融
B 类部门	煤炭采选产品
	石油和天然气开采产品
	非金属矿和其他矿采选产品
	纺织品
	通用设备
	租赁和商务服务
C 类部门	仪器仪表
	其他制造产品
	废品废料
	金属制品、机械和设备修理服务
	燃气生产和供应
	水的生产和供应

续表

部门类别	部门名称
C 类部门	信息传输、软件和信息技术服务
	房地产
	科学研究和技术服务
	水利、环境和公共设施管理
	居民服务、修理和其他服务
	教育
	卫生和社会工作
	文化、体育和娱乐
	公共管理、社会保障和社会组织
D 类部门	纺织服装鞋帽皮革羽绒及其制品
	建筑

根据表 6 – 9，并结合《国民经济行业分类》（GB/T 4754—2011）进行分析，A 类部门有 19 个，B 类部门有 6 个，C 类部门有 15 个，三类部门均涵盖三大产业。其中，A 类部门相对来说和其他部门之间的关联性较高，对国民经济发展具有较大影响力和制约性；B 类部门感应度系数明显大于影响力系数，因而这类产业对经济拉动作用较小，但具有较强的制约性，属于经济发展的基础性产业；C 类部门对国民经济的影响力和制约性都较小，与其他部门的关联性也不高。而 D 类部门仅包含 2 个部门，均属于第二产业，该类部门的影响力系数明显大于感应度系数，因而对国民经济的拉动作用较强，是经济发展的中坚力量，具有主导产业的性质，这两个部门的发展会通过其普遍具有的冗长上下游产业链，带动相关部门增长，从而带动整个国民经济的发展。

6.2.3.3 边际消费倾向计算

本篇引入边际消费倾向估算消费支出，运用 EViews 计量软件，采用“盘山县统计公告”中 2007—2015 年农村居民人均可支配收入和居民人均消费性支出拟合消费函数模型：

$$y = \beta_1 + \beta_2 x$$

式中，y 为消费性支出，x 为可支配收入，β_1 为居民自主性消费，β_2 为边际消费倾向。运用 EViews 软件对数据进行回归分析得到参数，拟合结果为：

$$y = 2126.362 + 0.294x$$

模型的方差分析结果为：拟合优度 $R^2 = 0.933688$，说明模型拟合效果良好，$P = 0.0000 < 0.0001$，说明模型的置信度达到 99.99%以上。

模型回归参数表见表 6－10。

表 6－10　消费函数模型回归参数

变量	回归系数	标准误差	T 统计	P 值
β_1	2126.3623	407.3972	5.2194	0.0000
β_2	0.2944	0.0392	7.5047	0.0000
R－squared	0.933688	Adjusted R－squared		0.917110
F－statistic	56.3208	Prob（F－statistic）		0.000000

从表 6－10 可以看出，变量β_1、β_2对应的 P 值均小于 0.001，即在显著水平 0.001 的情况下具有显著性，因此β_1可取值为 2126.362，β_2可取值为 0.294。本篇使用收入增量乘以边际消费倾向估算消费增量，使收入增量转为消费增量。

6.2.3.4　高标准农田建设项目投资县域经济拉动测算

（1）直接拉动效应测算

① 第一次拉动效应测算：

将盘山县“十二五”期间高标准农田建设项目投入产出分类汇总表（参见附表 3）中各部门中间投入值乘以各部门影响力，即可获得高标准农田建设项目对盘山县经济的一次拉动效应（见表 6－11）。

表6－11 盘山县高标准农田建设项目对盘山县经济一次拉动效应汇总

（万元）

部门	行业影响力	中间投入	一次拉动效应
第一产业	1.08	1091.25	1175.47
第二产业	24.27	25337.21	55035.15
第三产业	1.69	4376.02	2484.98
总计	27.04	30804.48	58695.6

根据计算结果，可知江山市高标准农田建设项目中间投入直接涉及22个部门。对一次拉动效应按降序排列，可知一次拉动效应排名前五的为：建筑，非金属矿物制品，科学研究和技术服务，石油、炼焦产品和核燃料加工品，金属冶炼和压延加工品。22个部门中，有13个影响力系数大于1.00，都对经济具有较强的影响力，高标准农田建设项目投资这些部门，能够强有力地拉动经济增长。此外，从产业角度来说，以上22个部门除了农林牧渔生产和服务属于第一产业，金属制品、机械和设备修理服务，租赁和商务服务，科学研究和技术服务，水利、环境和公共设施管理4个部门属于第三产业外，其余产业均属于第二产业，且绝大部分属于制造业，而制造业是国民经济增长的重要支柱，也是经济增长的主导部门，进一步说明了高标准农田建设投资可以促进经济上行发展。

② 第二次拉动效应测算：

将高标准农田建设项目劳动报酬总量乘以边际消费倾向，可获得由于劳动收入增加产生的消费量，再根据盘山县居民在各部门的消费比例来分摊这部分费用，即可将消费增量划分到各个部门。消费分配到各部门的部分可视为对相关产业的中间投入值，该值乘以相应部门的影响力系数即可得到各高标准农田建设项目对县域经济的二次拉动效应（见表6－12）。

表 6－12　盘山县高标准农田建设项目对盘山县经济第二次拉动效应汇总

（万元）

部门	消费比例	劳动报酬消费	二次拉动效应
交通运输、仓储和邮政业	9.72%	72.54	171.39
食品和烟草业	9.92%	74.08	167.69
农林牧渔业	14.56%	108.72	160.91
电力、热力的生产和供应业	7.35%	54.87	59.10
建筑业	8.52%	63.61	58.64
批发和零售业	3.28%	24.50	45.11
纺织服装鞋帽皮革羽绒及其制品业	2.62%	19.58	38.03
房地产业	3.92%	29.27	36.43
住宿和餐饮业	3.64%	27.18	33.96
教育	3.18%	23.76	28.20
交通运输设备制造业	1.32%	9.84	24.05
卫生和社会工作	2.93%	21.86	17.84
木材加工及家具制造业	3.84%	28.67	17.15
纺织业	3.94%	29.38	16.42
金属制品业	0.66%	4.90	14.59
通信设备、计算机及其他电子设备制造业	1.33%	9.94	13.23
公共管理、社会保障和社会组织	1.41%	10.51	11.22
租赁和商务服务业	1.92%	14.33	11.16
造纸印刷及文教体育用品制造业	1.43%	10.64	11.06
信息传输、计算机服务和软件业	1.88%	14.04	10.89
居民服务和其他服务业	1.01%	7.52	10.01
金属制品、机械和设备修理服务业	0.97%	7.24	9.28
专用设备制造业	0.70%	5.26	9.08
文化、体育和娱乐业	3.11%	23.25	5.55
金融业	0.30%	2.21	3.73
通用制造业	0.36%	2.69	2.68
仪器仪表及文化办公用机械制造业	0.88%	6.58	2.35
煤炭采选业	0.27%	1.98	1.47
燃气生产和供应业	1.79%	13.36	1.35

续表

部门	消费比例	劳动报酬消费	二次拉动效应
科学研究和技术服务业	0.92%	6.85	0.90
其他制造业	1.00%	7.45	0.76
水的生产和供应业	1.06%	7.95	0.69
水利、环境和公共设施管理业	0.26%	1.95	0.34
总计	100.00%	746.51	995.26

根据计算结果，将高标准农田建设项目对盘山县经济的二次拉动效应按降序排列，可知排名前五的部门为：交通运输、仓储和邮政业，食品和烟草业，农林牧渔业，电力、热力的生产和供应业，建筑业。可见，盘山县高标准农田建设项目参与者劳动报酬转化为消费所能带动的部门与其生活息息相关，这将提高相关劳动者的生活水平，而消费具有习惯性，因而这种内需的刺激不是一次性的，而可能是持续性的，使高标准农田建设对县域经济产生持续有力的拉动作用，从一定程度上来说，高标准农田建设也是刺激内需的一种途径。

③ 直接拉动效应加总：

综合第一次拉动效应和第二次拉动效应，可获得高标准农田建设项目对盘山县经济的直接拉动效应。直接拉动效应为59690.90万元，其中一次拉动效应为58695.6万元，二次拉动效应为995.26万元。总投资35347.22万元，直接拉动系数 = 59690.90/35347.22 = 1.69。

（2）间接拉动效应测算

由于目前盘山县大多数高标准农田建设项目还未投入实际运营或刚投入实际运营不久，农民从高标准农田建设带来的农业改变中获得的新增收益还难以准确衡量，因此本篇间接拉动效应主要测算盘山县高标准农田项目开始建设后农民的获益情况，以所获收益带动消费，从而拉动县域经济增长。

笔者通过调研得到，“十二五”期间盘山县高标准农田建成后，农民人均农业年收入增加1269元，受益人数为83217人，因高标准农田建设受益的农民农业年收入增加总量约为10560.24万元。总量乘以边际消费倾向，可获得由于劳动收入增加产生的消费量，再根据盘山县居民在各部门的消费比例来分摊这部分费用，即可将消费增量划分到各个部门。消费分配到各部门的部分可视为对相关产业的中间投入值，该值乘以相应部门的影响力系数即可得到各高标准农田建设项目对盘山县经济的间接拉动效应（见表6－13）。

表6－13　盘山县高标准农田建设项目对盘山县经济间接拉动效应汇总

（万元）

部　门	消费比例	新增收入消费	间接拉动效应
交通运输、仓储和邮政业	9.72%	301.72	712.83
食品和烟草业	9.92%	308.09	697.43
农林牧渔业	14.56%	452.18	669.21
电力、热力的生产和供应业	7.35%	228.19	245.80
建筑业	8.52%	264.55	243.88
批发和零售业	3.28%	101.90	187.62
纺织服装鞋帽皮革羽绒及其制品业	2.62%	81.42	158.17
房地产业	3.92%	121.72	151.53
住宿和餐饮业	3.64%	113.05	141.26
教育	3.18%	98.80	117.28
交通运输设备制造业	1.32%	40.93	100.01
卫生和社会工作	2.93%	90.92	74.21
木材加工及家具制造业	3.84%	119.23	71.32
纺织业	3.94%	122.21	68.31
金属制品业	0.66%	20.37	60.69
通信设备、计算机及其他电子设备制造业	1.33%	41.34	55.04
公共管理、社会保障和社会组织	1.41%	43.72	46.65
租赁和商务服务业	1.92%	59.60	46.41
造纸印刷及文教体育用品制造业	1.43%	44.26	46.00
信息传输、计算机服务和软件业	1.88%	58.41	45.31
居民服务和其他服务业	1.01%	31.27	41.62

续表

部门	消费比例	新增收入消费	间接拉动效应
金属制品、机械和设备修理服务业	0.97%	30.11	38.60
专用设备制造业	0.70%	21.86	37.76
文化、体育和娱乐业	3.11%	96.69	23.06
金融业	0.30%	9.17	15.52
通用制造业	0.36%	11.19	11.14
仪器仪表及文化办公用机械制造业	0.88%	27.35	9.77
煤炭采选业	0.27%	8.24	6.13
燃气生产和供应业	1.79%	55.56	5.63
科学研究和技术服务业	0.92%	28.49	3.76
其他制造业	1.00%	31.00	3.14
水的生产和供应业	1.06%	33.06	2.88
水利、环境和公共设施管理业	0.26%	8.11	1.42
总计	100.00%	3104.71	4139.39

根据计算结果，盘山县高标准农田建设项目对盘山县经济的间接拉动效应为4139.39万元，拉动系数为0.12。

（3）高标准农田建设项目对县域经济总拉动效应

将直接拉动和间接拉动加和，即可得到高标准农田建设项目对盘山县经济总的拉动效应，盘山县高标准农田建设项目对盘山县经济的拉动效应总额为63830.29万元，其中直接拉动效应为59690.90万元，间接拉动效应为4139.39万元。总投资拉动系数为1.81。

6.2.3.5 高标准农田建设促进盘山县经济发展评估总结

① 盘山县高标准农田建设项目对盘山县经济的拉动效应总额为63830.29万元，其中直接拉动效应为59690.90万元，间接拉动效应为4139.39万元。直接拉动效应中，一次拉动效应为58695.62万元，二次拉动效应为995.28万元。直接拉动系数为1.69，总投资拉动系数为1.81。反映出高标准农田建设对盘山县经济具有1.81倍乘数的

拉动作用，且一次拉动作用大于间接拉动作用、大于二次拉动作用。

② 盘山县高标准农田建设项目对盘山县经济的一次拉动效应最显著的是：建筑，非金属矿物制品，科学研究和技术服务，石油、炼焦产品和核燃料加工品，金属冶炼和压延加工品。且项目建设中间投入直接涉及22个部门，其中大部分属于制造业，而制造业是国民经济增长的重要支柱，也是经济增长的主导部门，进一步说明了高标准农田建设投资可以促进经济上行发展。

③ 盘山县高标准农田建设项目对盘山县经济的二次拉动与间接拉动效应最显著的是：交通运输、仓储和邮政业，食品和烟草业，农林牧渔业，电力、热力的生产和供应业，建筑业。可见，盘山县高标准农田建设项目参与者劳动报酬转化为消费所能带动的部门与其生活息息相关，这将提高相关劳动者的生活水平，而消费具有习惯性，因而这种内需的刺激不是一次性的，而可能是持续性的，使高标准农田建设对盘山县经济产生持续有力的拉动作用，一定程度上来说，高标准农田建设也是刺激内需的一种途径。

④ 辽宁省的42个产业部门中，有19个产业部门的影响力与感应度均高于社会平均水平，这类部门和其他部门之间的关联性较高，对国民经济发展具有较大的影响力和制约性；有2个部门影响力较高而感应度较低，该类部门对国民经济的拉动作用较强，是经济发展的中坚力量，具有主导产业的性质，这些部门的发展会通过其普遍具有的冗长上下游产业链，带动相关部门增长，从而带动整个国民经济的发展；有6个部门感应度较高而影响力较低，这类产业对经济拉动作用较小，但具有较强的制约性，属于宏观经济经济增长的基础性产业；有15个部门影响力和感应度均较低，该类部门对国民经济的影响力和制约性都较小，与其他部门的关联性也不高。

6.2.4 高标准农田建设促进盘山县社会发展评估

以第五章指标体系为基础，结合盘山县基本的实际情况，从保障粮食安全、促进城乡统筹发展、改善农业生产与经营方式以及提高资源利用效率四个方面选取指标进行计算，从而分析高标准农田建设对促进盘山县社会发展的影响程度。

6.2.4.1 保障粮食安全

（1）提高粮食生产能力指标计算

新增耕地面积：盘山县从2012年开始进行高标准基本农田建设，将原有蟹田（既种稻又养蟹的田，是产量较高的基本农田）和大部分基本农田进行整治，增加耕地面积。

新增耕地面积 = 整治后耕地面积 - 整治前耕地面积 = 3727.104亩；

新增高标准农田面积 = 整治后高标准农田面积 - 整治前高标准农田面积 = 11.912万亩；

高标准农田占耕地比率 = 高标准农田面积/耕地总面积 ×100% = 11.912/88.77 ×100% = 13.41%。

通过高标准农田建设，盘山县将部分基本农田整治成高标准农田，并且已占所有耕地的13.41%。高标准农田的生产能力及机械化种植程度，远超过普通基本农田。这为提高粮食产量、保障粮食安全提供了良好基础。

新增粮食产值：

用整治措施全部生效时的新增粮食产量表示提高的粮食生产能力。

$$P = F \times \Delta p$$

式中：P——整治措施全部生效后新增粮食产量，公斤/亩；

F——县域（这里是盘山县）高标准农田建设规模，亩；

Δp——整治实施后每年单位面积增产量，公斤/亩。

$$\Delta p = p_a - p_b$$

式中：p_a——整治措施全部生效后每年单位面积产量，公斤/亩；

p_b——整治实施前每年单位面积产量，公斤/亩。

根据典型项目调研情况：

$$\Delta p = p_a - p_b = 329.21 \text{ 公斤/亩；}$$

$$P = F \times \Delta p = 119120 \times 329.21 = 39215440 \text{ 公斤。}$$

高标准农田项目的建成，大大提高了粮食产量，种植条件不断完善，机械化利用水平提高，每亩地年产值提高 329.21 公斤，总提高值达到 39215440 公斤。

（2）降低耕地生产风险指标计算

根据盘山县实际情况，选取粮食稳定性指数变化率反映降低耕地生产风险情况。

粮食稳定性指数变化率 =（整治后粮食稳定性指数 - 整治前粮食稳定性指数）/整治前粮食稳定性指数

$$F = 1 - \left[\frac{1}{n}\sum_{i=1}^{n}(D_i - D)^2)^{\frac{1}{2}}\right] \Big/ D$$

式中：F 为粮食稳定性指数，D_i 为第 i 年粮食单产，D 为平均单产，n 为所选年的个数，取 2。

根据盘山县实际情况，$D = 680.28$ 公斤/亩，$D_{2014} = 760.5$ 公斤/亩，$D_{2015} = 820.2$ 公斤/亩，$n = 2$。

$$F_1 = 1 - 80.22/680.28 = 0.8821;$$

$$F_2 = 1 - 139.72/680.28 = 0.795;$$

粮食稳定性指数变化率 =（0.8821 - 0.795）/0.795 = 10.96%。

粮食稳定性指数的提高，是降低耕地风险的重要指标。规模化种植、高产稳产、旱涝保收的高标准农田是保障粮食安全的重要途径，盘山县粮食稳定性指数的提高，提升了农民对耕地的热情，加大了农民对土地再投入的意愿。

6.2.4.2 高标准农田建设促进城乡统筹发展

（1）提高农民收入水平指标计算

① 农民人均农业纯收入变化率：

农民人均农业纯收入变化率 = [（整治后人均农业纯收入 - 整治

前人均农业纯收入）/整治前人均农业纯收入］×100%

农民人均纯收入 =整治区域农业纯收入/该区域农村居民人口数

农民人均农业纯收入=［（14125－12852）/12852］×100%＝9.91%。

② 农民人均新增农业年收入：

农民新增农业年收入＝整治区域农业新增产值/该区域农村居民人口数＝1273元。

③ 富余劳动力人口：

富余劳动力人口＝整治前劳动力人口总数－整治后劳动力人口总数。

富余劳动力人口包括外出打工的劳动力人口数量。

富余劳动力人口＝参与项目施工人口（停止耕种）＋外出打工人口＝1020＋63500＝64570人。

通过高标准农田的建设，农民的农业收入明显提高，由于耕种条件的不断完善，机械化种植的不断推广，促使农民有更多时间进行非农就业，减少了耕地农民的数量，富余的劳动力人口可外出打工，获得额外收益，大大提高农民的收益水平。

（2）提高农民生活便利程度指标计算

① 田块破碎度减少率：

根据盘山县实际情况及调研资料获取情况，在此选取耕地田块破碎度减少率代替田块集中变化率。

田块破碎度（I）的计算公式：

$$I=\frac{(N-1)}{M}$$

式中：N 为整治区域中的田块的个数；M 为平均田块规模 km^2。

田块破碎度减少率＝40.52%－71.37%＝－30.85%。

② 田块分离度减少率：

根据盘山县实际情况及调研资料获取情况，在此选取耕地田块分离度减少率代替耕地聚集度变化率。

田块分离度（A）的计算公式：

$$A = \frac{D}{B}$$

$$D = \frac{1}{2}\sqrt{\frac{N}{S}}$$

$$B = \frac{S}{E}$$

式中：D 为田块的距离指数；B 为田块的面积指数；N 为整治区域中田块的个数；S 为田块的总面积 km^2；E 为整治区域中的土地总面积 km^2。

田块分离度减少率 = 31.05% − 40.51% = −9.46%。

③ 公共设施用地占地比例变化率：

公共设施用地占地比例变化率 = 整治后公共设施用地占地比率 − 整治前公共设施用地占地比率

根据典型项目调查及查阅相关统计资料：

公共设施占地比例变化率 = 14.94% − 9.50% = 5.44%。

田块破碎度和田块分离度的降低，为百姓带了更好的生产生活条件，提高种植效率。同时，公共设施占地比率的上升，为百姓生活水平的提高带来了必要条件。通过高标准农田的开发整治，促进土地的集约节约利用，使土地的利用效率明显提高。

（3）提高农民满意度指标计算

① 农民对工程建设质量情况满意度：

农民对工程建设质量情况满意度 = 农民对工程建设质量满意度总分/被调查农民总数/10 × 100%

② 农民对生活便利程度提高满意度：

农民对生活便利程度提高满意度 = 农民对生活便利程度提高满意度总分/被调查农民总数/10 × 100%

③ 综合满意度：

综合满意度 = 农民对工程满意度总分/被调查农民总数/

10×100%

式中：每个农民对工程满意度需要对农民进行关于项目的详细问卷调查，采取10分制方法进行评价打分。

根据村民的问卷调查，抽样人口共150人。

农民对工程建设质量情况满意度=1315/150/10×100%=88%；

农民对生活便利程度提高满意度=1390/150/10×100%=93%；

综合满意度总分=1445/150/10×100%=96.3%。

农民满意度的提高是对高标准农田建设成果的最好肯定。通过土地整治、田块合并、道路规划和灌排技术提高，改变农民生产生活条件。粮食增产、收入提高、劳动力减少以及交通更加便利，都促进了农民的满意度提高。

6.2.4.3　高标准农田建设改善农业生产与经营方式

(1) 改善农业生产方式指标计算

① 可机耕面积变化率：

可机耕面积变化率=[(整治后可机耕面积-整治前可机耕面积)/农地总面积]×100%

可机耕面积变化率=17.0035万亩/88.77万亩×100%=19.15%。

② 旱涝保收面积变化率：

旱涝保收面积变化率=[(整治后旱涝保收面积-整治前旱涝保收面积)/农地总面积]×100%

旱涝保收面积变化率=(15.35万亩/88.77万亩)×100%=17.29%。

③ 田间通达度变化率：

田间通达度变化率=[(整治后田间通达度-整治前田间通达度)/整治前田间通达度]×100%

田间道路通达度=[田间道路直接通达耕作田块数/项目区总田块数]×100%

整治后田间道路通达度=95.16%；

整治前田间道路通达度=70%；

田间通达率变化率 =(95.16% −70%)/70% =35.94%。

可机耕面积和旱涝保收面积的提高，是提高粮食产量和农民收入的重要基础，也是高标准农田建设的重要目标。同时，田间道路通达的便利，也大大提高了农民生活生产效率和水平，机械化水平是反映高标准农田建设成果的重要指标，农民从以前的亲自耕种到大面积机械化种植，从以前的低产低效到现在的高产稳产，解放了劳动力，改善了农业生产方式。

（2）改善农业经营方式指标计算

① 土地流转率：

土地流转率 = （土地流转面积/农用地土地总面积） ×100%

土地流转率 = （3.74 万亩/88.77 万亩） ×100% =4.21%。

根据盘山县实际情况，流转土地全部为高标准农田，因为高标准农田土地利用效率高，且流转金高，即农民不用参与耕种，也能获得土地流转收入，所以增加高标准农田土地流转率指标来进行计算。

高标准农田土地流转率 = （3.74 万亩/11.912 万亩） ×100% = 31.40%。

② 优质作物推广变化率：

优质作物推广变化率 = 整治后优质作物推广率 − 整治前优质作物推广率

优质作物推广率 = 整治区域中农作物良种推广面积/该区域农作物播种面积

该地区如有示范农业区，可利用以下公式计算：

优质作物推广率 = ［整治区域中农业示范区面积/该区域高标准农田总面积］×100%

根据盘山县实际情况，选择农业大企业及种粮大户的示范区面积进行计算。

优质作物推广率 = （4.56 万亩/11.912 万亩） ×100% =38.28%。

高标准农田建设的另一显著成果是提高了农民对土地流转的意

愿和土地流转价格。经过土地整治、田块合并、道路平整等工程，以及机械化种植和现代化灌排技术的推广，不仅提高了生产效率，更形成大规模的优质作物示范区。同时，种植大户和家庭农场通过土地流转，规模化种植，提高了土地价值，改善了原有的农业经营方式。

6.2.4.4　高标准农田建设提高资源利用效率

（1）提高土地利用效率

① 土地生产率提高率：

土地生产率提高率＝[（整治后的土地生产率－整治前的土地生产率）/整治前土地生产率]×100%

土地生产率＝种植作物的总产值/作物的播种面积

整治前土地生产率＝75600/1034.28＝73.09 万元/平方公里；

整治后土地生产率＝71000/740.17＝95.92 万元/平方公里；

土地生产率提高率＝(95.92－73.09)/73.09×100%＝31.24%。

② 土地利用率提高率：

土地利用率提高率＝整治后的土地利用率－整治前的土地利用率

土地利用率＝已经利用的土地面积/土地总面积

整治前土地利用效率＝68715/103428×100%＝66.44%；

整治后土地利用效率＝59178/74017.64×100%＝79.95%；土地利用率提高率＝(79.95%－66.44%)/66.44%＝20.33%。

（2）提高水资源利用效率

高标准农田建设在保证粮食增产稳产的同时，要求对水资源的合理充分利用，根据县域的具体情况，采取不同的节水用水方式。高标准农田建设过程中，通过完善农田灌溉设施，采用节水灌溉方式，可以大大提高水资源的利用效率，达到节水增收的目的。通过引进先进的灌溉设施，采取合理的灌溉手段，达到提高水资源利用效率的目标。提高水资源利用效率采用灌溉水利用系数进行评价。

据调查，不同的灌溉技术措施，其节水效果差异较大，现阶段推广的节水灌溉方法中，微灌一般可节水30% ~50%，节水效果最好；喷灌可节水20% ~30%，仅次于微灌；管道输水及渠道防渗可节水10% ~20%，有明显节水效果。在了解整治前后灌溉水利用系数的基础上，可以进一步计算累计节水量，公式如下：

$$W = (\eta_a - \eta_b)\text{m A}$$

式中：W——节水量，m^3；

η_a——整治后灌溉水利用系数；

η_b——整治前灌溉水利用系数；

m——单位面积用水量，m^3/hm^2；

A——灌溉面积，hm^2。

$W = (\eta_a - \eta_b)mA = 12\% \times 1050 \times 9900 = 1247400m^3$。

（3）提高经营效率

高标准农田建设通过科学的土地整治工程，提高土地生产能力，增加农民收入，改善生活生产条件，为农民提高了经营效率。农民通过产投比可以直观了解高标准农田建设带来的积极作用，因此，选取农户产投比提高率对经营效率的提高进行评价。

农户产投比提高率 = 整治后农户平均产投比 - 整治前农户平均产投比

农户平均产投比 = 农户平均产值/农户平均投入 ×100%

整治前农户平均产投比 =3500/2400 ×100% =146%；

整治后农户平均产投比 =4000/2100 ×100% =190%；

农户产投比提高率 =190% -146% =44%。

土地生产效率和水资源利用效率是集约节约利用土地和水资源的重要途径，同时为提高经营效率打下良好基础。只有降低成本、提高收益才能实现资源利用的效益最优。盘山县通过高标准农田建设，土地生产效率和水资源利用效率的明显提高，促进了农户产投比的不断上升。指标测算结果，如表6 -14 所示。

表 6-14 高标准农田建设促进盘山县社会发展指标测算结果

准则层	次准则层	指标层	指标结果
保障粮食安全	提高粮食生产能力	新增高标准农田面积	11.912 万亩
		高标准农田占耕地比率	13.41%
		新增粮食产值	3921544 公斤
	降低耕地生产风险	粮食稳定性指数变化率	10.96%
促进城乡统筹发展	提高农民收入水平	农民人均农业纯收入变化率	9.91%
		农民人均新增农业年收入	1273 元
		富余劳动力人口数	64570 人
	提高农民生活便利程度	田块破碎度减少率	-30.85%
		田块分离度减少率	-9.46%
		公共设施用地占地比例变化率	5.44%
促进城乡统筹发展	提高农民满意度	农民对工程建设质量情况满意度	88%
		农民对生活便利程度提高满意度	93%
		综合满意度	96.3%
改善农业生产与经营方式	改善农业生产方式	可机耕面积变化率	19.15%
		旱涝保收面积变化率	17.29%
		田间通达度变化率	35.94%
	改善经营方式	土地流转率	4.21%
		高标准农田土地流转率	31.4%
		优质作物推广率	38.28%
提高资源利用效率	提高土地利用效率	土地生产率提高率	31.24%
		土地利用率提高率	20.33%
	提高水资源利用效率	节水量	1247400 立方米
	提高经营效率	农户产投比提高率	44%

6.2.4.5 高标准农田建设促进盘山县社会发展评估总结

通过对盘山县典型高标准农田项目调研及全县所有高标准农田项目验收数据分析，以准确数据为基础，结合专家意见，对高标准农田建设促进盘山县社会发展进行总结。

（1）提高了土地生产能力

盘山县通过高标准农田建设，实现灌排水平大幅提高，建成的11.912万亩高标准农田均产量得到大幅度提升，产值明显提高，同时将原来的部分荒地进行开发，达到高标准农田标准，新增耕地面积3727亩，新增粮食产值达到3921544公斤。

（2）降低了劳动成本，提高了机械化种植率

由于项目区农田得到平整，路、渠等基础设施工程建设达标，田间通达度提高率达到35.94%，实现了机械化作业，减少劳动力使用，从而大幅度降低劳动成本。对既有灌溉支渠采用衬砌处理，加快灌溉水流速，防渗减糙，节约用水。富余劳动力人口达到64570人，更多农民获得时间进行打工、创业等非农就业。同时，农户平均产投比提高44%，大大提高了经营效率。

（3）提高了土地流转价格和农民收入

在进行高标准农田建设之前，田块大小不一，且高低落差大，机耕道路不通，现代化机械很难作业，致使农田耕种只能靠人工，土地流转价格低，农民甚至不愿意将土地流转，导致部分农田出现荒芜现象。盘山县通过高标准农田建设后，道路情况明显改善，农田可以机械化耕种，土地可成片流转，高标准农田土地流转率达到31.4%；土地流转价格从原来的500～700元/亩提高至1100元/亩。

（4）利用既有田间道路进行道路修整、水利灌溉排涝，增设生产道路，便于机械化耕作

建设成完善的高标准农田配套设施，明显提高农田抗洪排涝能力，提高了防御自然灾害能力，其中可机耕面积提高率为19.15%，旱涝保收面积提高率为17.29%，同时使周边项目的整治形成良性循环，带动其他田块的整治意愿。

（5）提高了社会满意度

盘山县通过高标准农田建设，实现田成方、沟相通、路相连、旱能灌、涝能排，基础设施完备，整体功能较强的高产农业区，同

时使农民切实享受到整治后的成果，提升农民满意度。整治后，盘山县农民对工程建设质量满意度达到88%，对生活便利程度提高满意度达到93%，综合满意度达到96.3%。

6.3 对比分析

本章通过对浙江省江山市与辽宁省盘山县两个县域进行实证研究，结合地区实际情况，对比分析，总结出高标准农田建设促进两个县域经济社会发展的异同。

6.3.1 高标准农田建设促进县域经济发展对比分析

6.3.1.1 高标准农田建设对两地的经济均具有一定程度的拉动效应，但效应大小有所差异

从测算结果可以看出，高标准农田建设对江山市与盘山县的经济发展均起到了拉动作用，其对前者的拉动系数为2.84，对后者的拉动系数为1.81，前者约是后者的1.57倍。通过对政策实施者、受益者的访问与调查，以及对实地的勘察，本篇得出造成拉动效应有所差别的原因主要源自地方政府对农业与高标准农田建设的重视程度的差异、地方行政力量的悬殊以及农民对高效利用高标准农田意识的不同。同时，盘山县对高标准农田的投资远低于江山市，两地投资金额的分配方式也有所差异。正因为以上各因素的影响，使得盘山县高标准农田建设对经济的拉动作用低于江山市。

6.3.1.2 高标准农田建设对两地的拉动模式相似，但拉动的部门不同

对比高标准农田建设项目对县域经济的一次拉动效应：江山市最显著的部门是：建筑，非金属矿物制品，科学研究和技术服务，金属冶炼和压延加工品，木材加工品和家具；盘山县最显著的部门是：建筑，非金属矿物制品，科学研究和技术服务，石油、炼焦产

品和核燃料加工品，金属冶炼和压延加工品。

对比二次拉动与间接拉动效应：江山市最显著的部门是：建筑业，食品和烟草业，农林牧渔业，纺织业，卫生和社会工作；盘山县最显著的部门是：交通运输、仓储和邮政业，食品和烟草业，农林牧渔业，电力、热力的生产和供应业，建筑业。

可见，高标准农田建设对两地的经济拉动方式均为“一次拉动 + 二次拉动 + 间接拉动”，且一次拉动均集中在第二产业，二次拉动与间接拉动均集中在第一产业和第三产业；同时，两地被拉动的产业部门也有所差异。通过分析得出，两地的产业发展状态、对外产业联系网络、主导产业以及农民的消费习惯均不同，故而由高标准农田建设推动发展的产业也会有差异。

6.3.2 高标准农田建设促进县域社会发展对比分析

6.3.2.1 相同点

（1）保障粮食安全

江山市和盘山县（以下简称两地）建立高标准农田，通过土地平整、田块合并、完善灌排设施、整治田间道路等方法，提高了土地的生产能力，达到高产稳产的生产水平。高标准农田的建设是以土地整治的资金投入、人力投入、技术应用和现代化管理方法应用为基础，让整治区域中的田块的产量提升，激励农民的种植意愿，提高种植热情，从而提高农户收入，在农民满足了自身的饮食需求的基础上，自主自愿加大生产要素的投入，改变原有的低效的生产方式。

同时，两地通过建立高标准农田，实现方形田、沟渠结网、田间路路相通的农田建设模式，并通过建设新型机器耕种道、排水沟渠、灌溉沟渠和田间交通道，全面改进农业生产操作方式，从而达到对自然灾害的预防。

（2）促进城乡统筹发展

两地对高标准农田进行建设，并非单一地对农地进行整治，更多的是对整个县域进行科学的整治规划，在提高农民收入的基础上，综合农民的意愿和利益，保障农民的根本权益。

两地在进行高标准农田建设过程中，进行土地平整、田块合并，带来土地的合理流转，农民能享受到土地合理流转带来的收益。参与高标准农田建设项目过程中的施工，也能使农民分享到非农就业带来的收入，改变其原有的保守落后的思维观念，尝试更多的就业渠道。高标准农田的建立有助于解决农村剩余劳动力的就业问题。现代化农业的机械化程度越高，所需的劳动力越少，农民通过整治过程中非农收益的获取，改变自己的就业方向，是对自身生活水平提高的验证，从而促进城乡的统筹发展。

（3）改善农业生产与经营方式

两地通过高标准农田的建设，对农业的生产条件带来巨大改善。一方面，通过科学知识传播和国家对农村的机械等要素的投入，加强了农业机械化建设，使农业机械化生产的效率稳步提升，改善了农业生产的条件，节约了农业生产中的人工和物资，提高了农业生产的效率；另一方面，农业水利设施和灌溉设施作为整个农业生产体系中的重点内容，实现了农业水利的调配和农业灌溉的改进，有利于在旱涝时期防洪抗旱，抵御旱涝等自然灾害带来的农业损失，也有利于农作物及时的水源补给和合理灌溉。

（4）提高资源利用效率

两地通过平整土地和田块归并，将原有零散的、利用不充分的土地重新整合利用，根据土地自身特性，科学利用，合理种植，降低种植成本，提高土地的生产能力，促进形成高效稳产、旱涝保收的高标准农田。通过土地利用结构调整，增加有效耕地面积。同时进行灌排技术改造，提高水资源利用效率，保证合理用水、储水。

6.3.2.2 不同点

（1）收入增长来源不同

虽然两地均是通过高标准农田建设，给百姓带来了收入的增长，但增长的来源和途径不尽相同。

江山市的高标准农田是以稻田作为唯一核心产物，收入的增长来源于粮食的高产稳产，且江山市通过高标准农田建设，粮食作物能够克服一些不良灾害，达到一年两熟，从而将产出进一步提高，进而提高百姓收入。盘山县的情况相对复杂，该县的粮食作物一年一熟，但稻田以蟹田为主，即在水稻中养殖河蟹（闸蟹）。通过高标准农田的建设，粮食作物产量提高，带动了河蟹的产量，农民在获得粮食增产带来收入的同时，又获得了河蟹增产带来的收益，且河蟹养殖的利润空间更大，从而提高了整体收入。

（2）土地流转情况不同

高标准农田建设促进了两地的土地流转，但流转的情况有所差异。通过对两地的实证研究，计算出江山市的农村土地流转率为20%，盘山县为4.21%；江山市高标准农田流转率为51%，盘山县为31.4%。

土地流转情况的差异主要来源于种粮大户和大型农场的数量不同，以及农民耕种任务繁重程度不同。首先，种粮大户的数量差异较大。江山市的种粮大户和大型农场更多，公司承包农田现象普遍，在经过土地整治之后，百姓将土地流转给种粮大户或公司，成区连片的大规模种植有更多的产出，农民不仅享有土地流转的收益，也享受粮食增产的收益，同时有更多时间外出打工创业，创造更高价值。而盘山县的种粮大户和大型农场较少，土地流转的机会较少，不能很好地形成公司承包现象，而且盘山县的稻田中，养殖河蟹的利润空间更大，但价格波动也大，造成土地流转的价格不稳定。其次，农民耕种任务的繁重程度不同。江山市的粮食作物为一年两熟，耕种任务更为繁重，进行土地流转后，规模化和机械化种植，大大减少农民的耕种任务，提高耕种效率，解放更多劳动力，所以农民进行土地流转的意愿更高，而盘山县的粮食作物是一年一熟，农民耕种任务相对较少，能够负担起自耕自田的劳动量，所以流转的意愿相对较低。

（3）机械化程度和道路通达度差异大

机械化程度和道路通达度存在差异，造成的主要原因是两地的经济水平不同，高标准农田建设的亩均投资额差异较大。亩均投资额不仅包括政府的补贴投入，也包括大型农场和公司经营的投资。

江山市的经济发达程度更高，高标准农田建设的亩均投资额相对较高，道路修整更为完善，政府补贴的同时，规模化的公司经营能够促进更好的机械化种植，从而促进产量的稳定提高，保证旱涝保收、高产稳产。盘山县的亩均投资相对较低，在达到高标准农田标准之后，规模生产、机械化种植程度还有提高空间。

（4）粮食作物价值和利润空间不同

因为两地的土地质量和生产能力不同，且种植连带的其他产物不同，造成粮食作物价值和利润空间存在差异。

盘山县作为辽宁省重要的种植基地，享有更好的土地质量和生产能力。作物种植周期长，营养充沛，产物质量高，价格高。同时，因为高标准农田的建设，提高了农地的整体环境，大大提高了河蟹的产量，河蟹养殖的利润空间更大，从而带来更多收益。江山市的粮食作物为一年两熟，产量更高，但种植周期短，营养水平低于盘山县的粮食作物，所以价格相对较低，且农地的其他产物相对较少，造成利润空间较小。

下　篇

土地整治重大工程成效评估

第七章　绪论

7.1　研究背景

目前，我国正处于中国特色社会主义发展的新时代，新时代给社会发展提出了新要求：必须以节约资源、保护环境为前提，贯彻创新、绿色、协调、开放、共享的发展理念，建设现代化经济体系，提高和改善民生水平，不断缩小城乡区域发展差距，共建社会主义现代化强国。因此，土地资源的有效开发利用面临着新的挑战。我国人多地少的基本国情决定了必须要以土地整治为主要手段来满足国家用地发展的需求，土地整治重大工程作为发挥集聚效益的重要载体，国家给予其高度重视。实践表明，以高标准基本农田建设、生态环境整治、土地开发等为主要手段的重大工程在保护耕地红线、推动现代农业发展、助推精准扶贫、促进生态文明建设等方面发挥了重要作用。

2008 年，“土地整治”概念在中共十七届三中全会上首次提出，随后确立了土地整治基本概念体系，形成了新时代集土地开发、整治、复垦和修复于一体的土地整治工作格局（贾文涛，2018）。为助推土地整治规划的实施、凸显“全域规划、综合整治”的理念，土地整治重大工程被确定为推进土地整治工作的重要抓手（梁梦茵，2017）。为促进耕地保护和节约集约用地，推进新农村建设和城乡统筹发展，党中央、国务院高度重视土地整治工作，分别在 2012 年和

2017 年印发了《全国土地整治规划（2011—2015 年）》《全国土地整治规划（2016—2020 年）》，为指导和有序开展土地整治工作提供依据。并且，为更好地适应新时代土地整治工作的任务，财政部颁布了《土地开发整理项目预算定额标准》。新标准的执行促进了土地整治专项资金使用管理工作更加规范、高效，使项目预算编制更加科学合理，为土地整治重大工程建设的顺利推进提供了坚实保障。2012 年，《国土资源部关于提升耕地保护水平全面加强耕地质量建设与管理的通知》（国土资发〔2012〕108 号）强调，要全面加强耕地质量建设与管理，推进高标准基本农田建设，其中重点抓好重大工程、示范省和示范县建设。2015 年 5 月，中共中央、国务院印发《关于加快推进生态文明建设的意见》，要求加快国土综合整治。2017 年，习近平总书记在党的十九大报告中对土地整治工作提出了更高要求：要与乡村振兴、区域协调发展、生态文明建设、脱贫攻坚等重大国家战略有机结合，以科技创新为驱动力，向国土综合整治转型发展。2018 年自然资源部和财政部发布进一步支持土地整治重大工程工作的通知，指出“择优支持重大工程、合理安排支持资金、调整重大工程支持方式、聚焦重大工程重点区域”，为深入推进、贯彻落实国家重大战略部署提供有利条件。

土地整治重大工程具有大规模、多目标、长周期、区域性强等特点，在耕地保护、精准扶贫、生态文明建设等方面发挥示范引领作用。目前已开展部分重大工程建设成效评估，但在成效界定、评价指标体系构建等方面研究还缺乏系统性，且缺少对重大工程在国家重大战略保障作用方面的分析。

7.2 研究意义

土地整治重大工程是由中央资金支持、省级政府立项的土地整治项目，是统筹各项土地整治资金、保护耕地、保障国家粮食安全的有益探索（张继心，2016）。2008 年以来，自然资源部、财政部在全国先后批复同意了12个省份总计14个土地整治重大工程的实施，作为落实《全国土地利用总体规划纲要（2006—2020年）》的重要形式，用以解决区域经济区开发、生态环境建设等土地整治活动中出现的土地利用重大问题，并在划定重点区域的基础上进行土地整治的潜力测算。因此，必须要对土地整治重大工程建设成效给予高度重视。

随着中国特色社会主义进入新时代，社会发展有了新的任务、要求和目标，故而要有新的发展理念。首先，国家发展的基本前提是粮食安全必须得到有效保障，要想长远、可持续发展，必须将“藏粮于库”策略转变为“藏粮于地”；其次，全面建成小康社会、实现共同富裕必须有计划、有组织地进行大规模扶贫开发，逐步消除贫困人口；另外，“三农”问题是全党工作重中之重的基本国情要求我们必须坚持农业农村优先发展，坚持农民主体地位，坚持城乡融合发展，实施乡村振兴战略；最后，顺应世界发展趋势、实现人与自然和谐共生则要求我们将生态文明建设摆在与经济建设、政治建设、文化建设、社会建设同样重要的位置，迈向社会的发展新高度。

土地整治重大工程建设不仅在提高耕地质量、增加耕地面积、改善生产环境和条件等方面发挥积极作用，而且有利于提高农民生活水平、缩小城乡差距、改善生态环境，是一项对经济系统、社会系统、生态系统均产生巨大影响的建设措施（冯晨辰，2018；张羽飞，2018）。本篇既是对土地整治重大工程项目建设的成效评估，也为加快落实国家重大战略提供新的思路。因此，本篇具有以下四个方面的重要意义。

（1）有利于助推藏粮于地、扶贫开发、乡村振兴和生态文明战略落地

基于土地整治重大工程“建设任务—建设引发的区域变化—建设所带来的影响”这一逻辑链条，从理论上分析土地整治重大工程建设对藏粮于地、扶贫开发、乡村振兴和生态文明四大战略的传导

机制，确定作用的发挥路径；分别构建土地整治重大工程建设促进四大战略实施的评估指标体系，通过实证分析明确土地整治重大工程对四大战略的促进作用，为充分挖掘整治成效、加快战略落地开辟新思路。

（2）有利于发挥土地整治重大工程的示范引领作用

通过梳理土地整治重大工程建设过程、总结建设总体成效、挖掘典型地区的典型案例，提炼土地整治建设的创新机制、成熟做法和有效经验，为以后的土地整治工作开展提供有效借鉴，并彰显土地整治重大工程在夯实保障国家粮食安全基础、促进城乡统筹发展、提高土地集约利用水平等方面的重要作用。

（3）有利于提高土地资源利用效率，优化土地资源配置

第一，有利于规划部门完善工作机制，发挥资金综合效益，优化土地利用布局，提高资源利用效率；第二，可以使相关部门工作人员和群众切实了解土地整治重大工程建设发挥的真实作用，增强人民的获得感和幸福感。

（4）创新土地整治技术体系，完善土地整治工作机制

土地整治重大工程建设成效的评估工作是土地整治工作领域的典型代表，本篇的成果可以作为补充和调整土地整治技术体系的依据，丰富土地整治项目设计思想，完善土地整治理念，创新土地整治手段，从而形成更高效的工作机制。

7.3 研究内容

土地整治重大工程是在《全国土地整治规划（2016—2020 年）》确定的重点区域基础上，以落实区域内土地整治重大任务或解决重大基础设施建设为目的，采取有效引导土地整治活动的组织形式。近年来，土地整治重大工程已经发展为国家层面的战略，实施土地整治重大工程建设目标明确，在保障国家粮食安全、促进城乡统筹发展、改善农村生产生活条件、促进生态文明建设，以及全面建成

小康社会中发挥着重要作用。2015 年国务院发布《关于加快转变农业发展方式的意见》，明确到 2020 年建成 8 亿亩高标准农田，而在《全国土地整治规划（2016—2020 年）》中也提出“十三五”时期全国共同确保建成 4 亿亩、力争建成 6 亿亩高标准农田，这都对全国土地整治重大工程提出了更高的目标与要求。土地整治重大工程特点是重投资、大规模、多目标、长周期、管理难度高、区域性强、结构复杂且影响重大。从 2006 年土地整治重大工程项目开展以来，目前全国已有 14 个重大工程、10 个示范省基本农田整治工程，然而鲜有对重大工程在国家重大战略保障作用方面的分析。基于这样的背景，本篇定位于基于土地整治重大工程的特性，分析重大工程建设对国家战略，包括藏粮于地战略、扶贫开发战略、乡村振兴战略和生态文明战略的促进保障机制及成效。本篇主要内容包括以下四个方面。

（1）土地整治重大工程建设成效内涵与特征分析

土地整治重大工程建设成效与土地整治项目建设成效既有相同之处，也有差异之处。由于土地整治工程规模的集聚性、问题的针对性以及示范的引领性，其建设成效也有别于土地整治项目的建设成效，本篇首先对土地整治重大工程建设内容和特征进行归纳，界定土地整治重大工程建设成效的内涵，并明确建设成效的分类和表征。

（2）土地整治重大工程建设对国家重大战略实施的传导机制分析

将土地整治重大工程建设看作一个系统，分析其系统的构成要素，并分析其与外界经济系统和社会系统的关系，基于土地整治重大工程“建设任务—建设引发的区域变化—建设所带来的影响”这一逻辑链条，分别从理论上系统分析土地整治重大工程建设对藏粮于地、扶贫开发、乡村振兴和生态文明四大战略的传导机制。

（3）土地整治重大工程建设对国家重大战略实施成效评估指标体系与方法

基于土地整治重大工程建设对藏粮于地、扶贫开发、乡村振兴和生态文明四大战略的传导机制分析，采用理论分析与专家咨询相结合的方法，从准则层、次准则层、指标层和元素层分别构建土地整治重大工程建设促进藏粮于地、扶贫开发、乡村振兴和生态文明四大战略实施的评估指标体系，分别明确指标的内涵、计算方法和指标来源，同时选择适合的评估方法。

（4）土地整治重大工程建设对国家重大战略实施的成效评估实证

分别选择与四大战略相对应的典型土地整治重大工程，采用定性与定量相结合的方法，利用前面构建的评价体系对土地整治重大工程建设对藏粮于地、扶贫开发、乡村振兴和生态文明四大战略实施的成效进行评估，明确成效评估的结论，并提炼具有指导和借鉴意义的典型做法。

7.4 研究方法

① 文献研究法。首先，在研究开展前期，收集国内外理论及研究成果，阅读参考文献及资料，对国内外土地整治尤其是土地整治重大工程建设成效研究现状和最新进展有初步的了解；其次，根据整理收集的文献材料，总结土地整治重大工程建设成效的评估方法，思考可改进和优化之处。

② 系统论的方法。运用系统论的方法与原理，将土地整治重大工程建设看作一个系统，对土地整治重大工程系统进行结构、目标、要素的分析，为从理论上系统分析土地整治重大工程建设对藏粮于地、扶贫开发、乡村振兴和生态文明四大战略的传导机制提供基础。

③ 野外调查与农户调查方法。结合自然资源部土地整治重大工

程建设工作，选择四个典型重大工程开展实证研究，通过实地考察土地整治重大工程、与土地整治重大工程项目具体技术人员和当地富有经验的农民交谈等形式了解土地整治重大工程建设的状况，以及建设前后的经济发展、土地利用、农户收入等方面的情况，同时开展适当的农户调查访谈，其调查成果可直接应用于土地整治重大工程建设成效评估指标的取舍过程中。同时在实证研究过程中，通过野外实际调查，获取某些评价指标的数据。

④ 专家评议法。衡量土地整治重大工程建设成效时，对于一些专业性强、量化计算难以反映真实情况的指标，邀请相关领域专家进行专业评判，通过实地考察、项目资料分析和讨论研究，根据政策文件要求进行评议。

⑤ 德尔菲法（Delphi Method）与层次分析法（Analytic Hierarchy Process，AHP）。在构建土地整治重大工程对促进藏粮于地、扶贫开发、乡村振兴和生态文明四大战略实施的评价体系后，通过对不同专家的背靠背单独访谈，获取其对各指标及其权重的评价，以此作为指标体系权重的初步依据；在获取专家对分配指标体系权重的各自评价后，运用层次分析法软件 Yaahp，综合各专家意见，确定每套指标体系各指标最终权重值。

⑥ 综合评价法。基于土地整治成效的多方面性，并涉及微观和宏观等多个层面，适宜采取定性与定量分析相结合的综合评价法，分析土地整治重大工程建设在藏粮于地、扶贫开发、乡村振兴和生态文明四大战略等方面的成效。

7.5 研究技术路线

下篇研究的技术路线如图 7 – 1 所示。

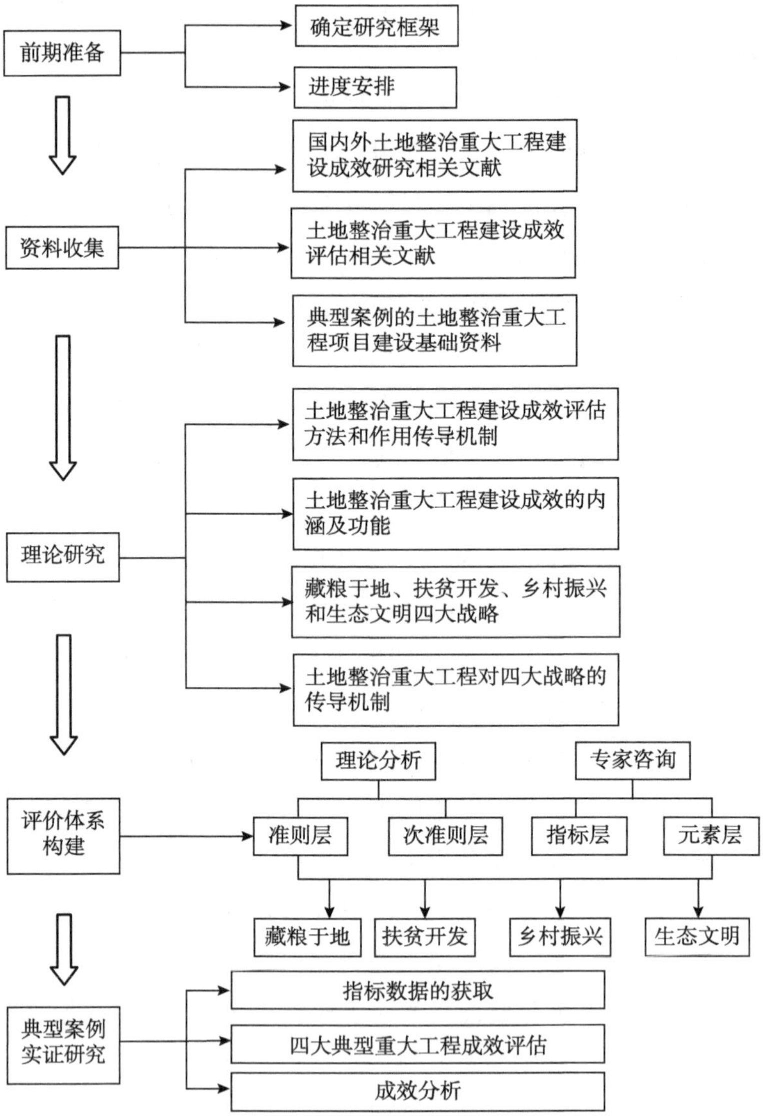

图 7－1　下篇研究的技术路线

第八章 土地整治重大工程建设成效分类

8.1 土地整治重大工程建设内容与特征

2008 年以来，自然资源部（原国土资源部）、财政部在全国先后批复同意了 12 个省份总计 14 个土地整治重大工程的实施，重大工程的主要建设内容包括土地平整工程、灌溉与排水工程、田间道路工程、农田防护与生态环境保持工程和其他工程。

（1）土地平整工程

土地平整工程包括坝地修筑工程、沟台地修筑工程和河滩地修筑工程。坝地修筑工程，亦称闸沟造地工程，主要指用挖掘机械将沟道两边的边坡切开，用切下的土填平沟壑，平整出新的耕地；沟台地修筑工程是指对边坡进行切削、平整田面、修筑田坎等；河滩地治理主要包括铲运表土和覆土两项内容，铲运表土的目的主要在于清除砾石和淤泥，防止气孔过多、不紧实，以致挤压后易变成“橡皮土”，而覆土的主要目的是形成耕作层，并降低橡皮土现象的发生概率。此外，重大工程鼓励开展耕作层地力保持工程，倡导在挖方取土和填方覆土过程中先将表层熟土进行剥离，然后再行回填。

（2）灌流与排水工程

结合沟道自然地理和土地利用实际情况，重大工程的灌溉与排水工程主要包括小型集雨工程、排洪渠修筑工程、小型拦洪渠工程、小型拦洪坝和淤地坝修筑工程等。小型集雨工程主要指在排水沟、排洪渠等沟渠旁修筑兼具滞洪、蓄水和灌溉功能的蓄水池、集雨窖；排洪渠工程是指为确保沟道安全防洪，在被填平的坝地单侧，开挖排洪沟渠；小型拦洪渠工程是指为确保洪道安全防洪，在被填平的坝地单侧，开挖排洪沟渠；小型拦洪坝和淤地坝是在具有一定径流量的沟道修筑的小型水沙拦蓄工程；灌排建筑物包括农桥、涵洞、跌水等控制或输水建筑物。此外，鼓励在具备地下水开采利用条件及高效农业发展基础或前景的沟道，因地制宜地布设机井工程和配套的输配电工程设施，用于发展现代农业和特色果业。

（3）田间道路工程

田间道路工程是指根据高标准基本农田建设和土地整治重大工程要求，配套修建或完善生态式田间道路和生产道路，以满足规模化农业生产、交通运输、农民生活和农田机械化耕作的需要。

（4）农田防护与生态环境保持工程

农田防护与生态环境保持工程，是指为了保护项目区土地利用活动的安全，增强抵御自然灾害的能力，建立和恢复生态环境系统而采取的措施。建设内容主要包括农田林网工程、沟道治理工程、坡面防护工程等。农田林网工程主要包括沟头梁峁植物防护、开挖坡面植物防护、坝坡埂坎植物防护、田间道路植物防护四大内容；沟道治理工程是为了防止沟头前进、沟床下切和沟岸扩张，减缓沟床纵坡面而修筑的谷坊、沟头防护、淤地坝等工程措施；坡面防护工程是在坡面上修建截水沟和排水沟，以拦蓄、疏导坡地径流，并将雨水导入蓄水池、集雨窖、排洪渠，防止坡面发生严重的水土流失。总体来看，土地整治重大工程高度重视坡面防护，要求精细布设“乔—灌—草”相搭配的坡面植物防护工程、谷坊和沟头防护相结合的沟道治理工程，以及截水沟和排水沟相结合的坡面来水导流工程，全面实施坡面治理与综合防护。

（5）其他工程

其他工程主要指土石方爆破、废弃构筑物拆除、培肥地力等工程。土石方爆破是指土地平整中坑窑、竖土、冻土的爆破；培肥地力是为了保持土地整治后的耕作层地力，采取增施有机肥、种植牧草等综合措施，对平整建设区土壤进行培肥和质地改良，以满足农作物当年产量不减少的基本要求；废弃构筑物拆除是指旧宅基地残余房屋和窑洞、废弃砖瓦窑、废弃工矿建筑物等的拆除和处理。

土地整治与一般的工程项目相比，具有自身鲜明的特点，与经济社会、生态环境及乡村社区存在极为特殊而紧密的关联。土地整治重大工程已经成为助推国家有关战略加快落地的重要平台、发挥示范引领作用的重要手段和自然资源部履职担当的重要抓手，具有范围广、规模大、投资多的特征（曾涛等，2017）。

8.1.1　土地整治重大工程建设区域性强

由于经纬度、海拔高程及地质地貌等因素变化的影响，导致不同区域存在水文、土壤、气候等方面的差异。不同的土壤条件与气候因子决定着各区域土地利用方式和结构，进而会影响土地整治系统各要素间的匹配和组合方式，最终形成各具地域特色的土地整治模式和土地整治重大工程实施内容。

8.1.2　土地整治重大工程建设规模大

14 个土地整治重大工程项目建设规模从海南省海口市南渡江流域土地整治重大工程项目的 23.27 万亩，到吉林省西部土地开发整治重大项目的 496.87 万亩不等，新增耕地面积也因重大工程性质不同而有区别，比如湖北省南水北调中线湖北省丹江口库区“移土培肥”及配套坡改梯土地整治重大工程项目是为南水北调中线工程丹江口库区蓄水服务的，新增耕地面积仅为 0.48 万亩，而新疆伊犁河谷地土地开发整治重大工程项目新增耕地高达 326.97 万亩。

8.1.3　土地整治重大工程建设投资多、周期长

土地整治重大工程作为土地整治的实施平台，具有投资金额大、

投资周期长的特点。由于土地整治重大工程的建设区域不再局限于县、市，而是横跨多个县域，规模和范围都扩大了，一般都在200万亩以上，一个重大工程项目投资基本都在十几亿元、几十亿元。重大工程项目虽然规模大，其技术难度不高，但土地整治重大工程项目受季节性限制强，南方的雨季和北方的霜冻期都不能进行作业，再加上作物生长期、农田灌溉期都不适合施工，每年有效的施工期短。此外，土地整治重大工程规模较大、项目区范围较广，一般采取单片开展或者几个片区联合的模式进行施工，要完成几百万亩的土地整治，所需的周期一般在4～5年，甚至更长的周期。

8.2　土地整治重大工程建设成效内涵

土地整治重大工程是依据土地利用总体规划和土地整治规划，在保护和改善生态环境、保持区域水土资源平衡的前提下，围绕实现提高耕地质量、增加耕地数量、保障粮食安全的规划目标形成集聚规模效益，所采取的以落实重点区域内大规模耕地开发、大面积节水增地、大幅度提高基本农田产能为目的的土地整治、土地复垦和土地开发工程项目（胡静等，2012）。目前，部分土地整治重大工程已建设到期，建设成效显著。在土地整治重大工程项目实施后的一段时间内，衡量其成效，对项目综合成效进行的科学分析和评价活动，有利于指导后期项目的顺利开展（金晓斌等，2008）。

根据“尽职尽责保护国土资源、节约集约利用国土资源、尽心尽力维护农民权益”的国土资源工作定位，通过实施土地整治重大工程，达成以下目标：①进行农田生态环境体系保护和提高耕地等级活动，提高项目区粮食生产潜力，满足地方的粮食需求，确保国家粮食安全的同时推动经济社会的发展；②推进土地平整、农田水利、田间道路和田间防护林等建设，大幅度增加有效耕地面积，提升耕地总体质量，从而维系国家粮食安全，确保耕地面积，保护基本农田；③优化区域水土资源配置，提高水土资源利用效率，增强保障资源的能力，同时推动现代农业的发展，为项目区可持续发展奠定坚实基础，增加农民收入，缩小城乡差距，促进区域协调发展；④实施农用地整治、村庄整治、耕地后备资源开发和低效废弃建设用地复垦等，完善项目区农业生产基础设施，改善区域农村生产生活条件，推动社会的和谐发展。因此，土地整治重大工程建设成效是指在总结建设任务完成情况的基础上，深入分析重大工程建设在增强资源保障能力、促进现代农业发展、节约集约利用资源、推动地方经济发展、促进社会和谐发展、改善生态环境等方面的显著成效。

8.3 土地整治重大工程建设成效的分类

根据上文界定的土地整治重大工程建设成效内涵，土地整治重大工程建设项目成效可以分为提高投入成效、增强资源保障能力、节约集约利用资源、促进现代农业发展、推动地方经济发展、改善农村生态环境、助力精准扶贫、促进社会和谐发展和取得建设管理成效等内容。

8.3.1 提高投入成效

作为国家重大土地整治项目，在保证整治规模的基础上，实际完成投资额与可研批复资金、年度计划安排资金相比节约了资金，从而做到了资金集中投入，项目集中布局、效益集中体现，克服以往土地整治规模小、资金分散、效果差、规模效益难以显现的问题。

8.3.2 增强资源保障能力

土地整治作为有效提高耕地质量等级的手段，是保障粮食安全的必要措施。土地整治重大工程项目立足项目区经济社会发展大局和资源情况，大力推进田、水、路、林综合整治，通过增加有效播种面积、提高耕地质量、调整种植结构等手段，整治后提高耕地质量等级，提高粮食产能，切实提高粮食保障能力，对保障国家粮食安全发挥重要支撑作用。增强资源保障能力包括增加有效耕地面积、提升耕地质量和提高粮食产能。

8.3.2.1 增加有效耕地面积

通过土地整治重大工程的实施，项目区内合理设置机耕地，完善排灌沟渠，整治原地块间未利用地，使田坎大量减少，并合理确定田块规模，扩大单元田块耕作面积。

8.3.2.2 提升耕地质量

一是在基础地力方面，有效改善了农田土壤结构，增加有效土层和耕作层厚度，提高耕地基础地力；二是在耕地形态方面，提高耕作田块的集中连片度，实现耕作田块田面平整，减小农田地表坡降，提高机械化作业效率，抵御自然灾害等，合理确定田块的规模，降低田间基础设施占地率，实现田块相对集中，建成区域化、规模化、集中连片的农田；三是在基础设施方面，通过灌排设施建设，优化农田水利设施，提高农田灌溉保证率和排涝标准，完善田间工程配套，使灌溉水利用率明显提高。维修和新建田间道路和生产道路，配套建设农机下田（地）坡道等基础设施，优化田间道路、生产道路布局，提高农业机械化作业便捷度，满足机械化作业的要求；四是在耕地生态质量方面，通过防护林建设工程，提升农业生产的稳定性，降低大风灾害等方面的风险。

8.3.2.3 提高粮食产能

土地整治重大工程项目的实施使项目区农田配套基础设施得到大幅改善，田块更加规整便于耕种，田间灌排水系统和道路系统更加完善，耕地质量等级得到较大提升，最大限度地发挥资源效益，对全国粮食增产、稳产，保障国家粮食安全具有重要作用。

8.3.3 节约集约利用资源

通过土地整治重大工程实施，有效节约了农业生产资源的投入，尤其是土地资源和水资源的投入，极大提高、优化土地利用结构和水资源利用效率。

8.3.3.1 优化土地利用结构

通过对破碎、起伏较大的田块进行平整、归并，使田块更加规整、布局更为集中；对沟渠、道路等田间基础设施布局调整后的田块进行平整，使项目区内田块布局与基础设施布局结合更加紧密；采取工程措施将项目区内低效利用的园地、迹地、废弃坑塘及未利用地等转变为耕地，使原有分散耕地集中连片。

8.3.3.2 提高水资源利用效率

土地整治重大工程因地制宜实施水源工程、灌溉与排水工程，在最大限度发挥现有水利工程功能和效益的基础上，完善节水灌溉工程的田间配套，提高工程建设标准，努力实现灌水有保证、排水有出路的建设要求。土地整治重大工程对渠道进行防渗衬砌、完善各级渠系及配套建筑物，提高农业用水的有效利用系数。

8.3.4 促进现代农业发展

8.3.4.1 改善农业生产条件

加强农业基础设施建设对提高农业综合生产能力，提高土地产出率，提高防灾减灾能力，增加农民收入乃至促进经济社会发展等方面都起到十分重要的作用。实施土地整治重大工程建设，可以加强农业基础设施建设，通过实施田间道路工程、改善农田水源条件、实施田间灌溉与排水工程，项目区田间交通条件和农田水利条件得到较大改善，从而提高抵御自然灾害能力，促进农村经济发展，等等。

（1）改善农田道路，方便农业生产

田间道路是农村道路网的延伸，是沟通田块之间的道路，直接关系到农民的日常生产生活。通过土地整治重大工程建设，提高田间道路质量与标准，使农田作业道路建设配套，完善田间道路系统，有效地改善项目区内部及对外交通条件，农田道路通达度提高，满足农业机械耕作的要求，大力促进农业生产条件的改善。

（2）提升农机水平，服务农业生产

土地整治重大工程通过对农田的整治、改造，改善或消除相关限制性因素，使劳动力成本进一步降低，生产效率得到提高，有力地促进了机械化耕作，充分发挥农机抢农时、省劳力、增效益的作用，为推进农业化打下了坚实基础。

（3）完善农田水利设施

通过规范土地整治工程建设，改善项目区生产条件，使项目区灌、排渠（管）道情况得到改善。完善配套排水系统，保证排水顺畅。修建桥涵，优化机电井、输配水渠道系统，有效提高灌溉保证率和灌溉水质量。

8.3.4.2 增加农业产值

土地整治重大工程实施后田间基础设施体系得以完善，农田灌排水效率显著提升，有效地推进了耕地的集中连片、耕地细碎率的降低，为农业生产大规模机械化作业和专业化生产打下坚实基础，为农业企业、种粮大户开展适度规模经营提供了用地保障。一方面，降低农业生产成本，尤其是人工投入成本，解放了农村劳动力；另一方面，开展多种经营，增加了农民收入，实现农业投入产出比的降低。整治后的项目区耕地会受到农业企业、种粮大户高度关注，有力地促进了当地土地流转和农业产业结构升级。

8.3.5 推动地方经济发展

8.3.5.1 促进农民增收

土地整治重大工程项目的实施，极大地推动地方经济的发展。土地整治重大工程项目的建设改善了灌排条件、增加了道路的通达性等。这些基础设施建设，大大提高了农民的生产便利程度，降低了农业生产成本，提高了粮食生产能力，保证了稳产，促进了农业增效和农民增收，提高了农民生活水平；土地整治重大工程项目的实施提高了耕地质量，促进了耕地的规模流转，不但减少农民的耕种成本，也增加了农民的土地流转租金水平，同时，农民可参与重大工程项目的施工建设获得劳务收入。土地整治重大工程的实施不仅改善农村地区的生产生活条件，增加农民经济收入，提高农民种粮的积极性，增强区域的内在发展动力，还为国家粮食安全提供了更加坚实可靠的保障。

8.3.5.2 带动地方经济发展

通过土地整治重大工程项目，不仅增加了农业产值和农民收入，而且农民工当地就业人数增加，带动地方中小企业增收，增加了地方收入，拉动社会消费水平。通过改善项目区农业发展环境，吸引了许多农业企业入驻，培育、引进、扶持发展了一批引领和带动区域农业经济发展的农业企业和产业化项目。

8.3.6 改善农村生态环境

土地整治重大工程项目建设过程中，将“数量、质量、生态”三位一体理念贯穿始终，不仅注重提高农田的防涝防灾能力，而且注重改善生态环境，使绿色植被覆盖率提升、农田防护面积增加。

8.3.6.1 增强农田防洪、防护能力

在土地整治重大工程项目建设过程中，要客观分析项目区土地利用限制因素，根据项目区自然灾害的特点，制订农田防护工程方案，明确工程类型、布局和建设标准。土地整治重大工程实施后，通过对区内主干沟渠的清淤疏浚，将主要灌溉渠道进行硬化，排涝标准提高，农田基础设施配套更加完善，抗旱防涝能力不断加强，农田灌溉率得到有效提升。通过各类农田防护与生态环境保持工程建设，提高项目区农田的防洪、防护能力。

8.3.6.2 加强了农田生态环境治理

通过土地整治重大工程建设项目实施，开展一系列生态环境治

理工作，加强农田生态环境保持的建设工作，在优化土地利用结构与布局、促进耕地集中连片的同时，协调农田生产与土地可持续利用之间的关系，保持和改善生态条件，防止或减少污染和自然灾害，维持农田生物多样性、生态景观的多样性和生态系统的稳定性，美化乡村环境。

8.3.6.3 改善了生态环境

土地整治重大工程通过建设防护、排灌等基础设施，优化农田景观，维护农业生态系统的稳定，为区域生态环境保护提供保障。通过采取生物整治等措施，有效保护生态环境；通过项目建设，提高植被覆盖率，实现了树种种植的多样化和景观化，达到了防风固沙、水土保持、农田防护和生态景观建设相结合的目标。

8.3.7 助力精准扶贫

通过实施土地整治重大工程项目，有利于助力精准扶贫政策的有效实施。一是增加贫困人口的收入，通过项目的实施，完善了贫困地区基础设施建设，促进了贫困农民增收，提高了贫困人口生活水平。二是减少贫困人口数量，将重大工程项目建设与扶贫工作相结合，在当地多个部门协作下，在贫困地区安排一批建设项目，扶持一批扶贫产业，帮扶一批贫困人口脱贫。同时增加了耕地面积，加大土地流转面积，使更多的农民参与到耕作中，增加了贫困人口的就业人数，减少了贫困人口的数量。

8.3.8 促进社会和谐发展

通过土地整治重大工程的建设，有效地改善了基础设施条件差、生态环境脆弱、农业种植结构不合理的传统农区，增强区域的内在发展动力与抵御洪涝、干旱等自然灾害的能力，降低因自然灾害导致广大群众致贫、返贫的概率；同时还增加了贫困地区农民的经济收入，增加了当地的就业机会，各种工程建设如道路、水利、电力等对农村环境改善起到了极大的促进作用。

8.3.9 取得建设管理成效

建设管理成效主要体现在土地整治重大工程建设实施全过程中，包括前期工作、项目管理、后期管护利用，具体表现为预算执行偏差率、管理规章健全度、按期竣工偏差率、管护主体责任是否落实四个方面。

第九章　土地整治重大工程建设对四大战略的传导机制分析

9.1　土地整治重大工程系统分析

9.1.1　土地整治重大工程中系统理论应用的体现

根据系统论的观点，由相互作用和相互依赖的若干组成部分结合而成的、具有特定功能的有机整体，就是系统。系统具有三个基本特征：一，系统是由若干元素组成；二，这些元素相互作用、相互依赖；三，由于元素间的相互作用，使系统成为一个整体而具有特定的功能。可以用以下概念来表示系统的核心：

第一，凸显（Emergence，又称整体性）：系统整体具有各组成部分自身独立存在时所不具有的性质。

第二，层次（Level）：系统在一个层次结构中，既是某一层次上的一个整体，又是更高一层次的元素或子系统。

第三，通信（Communication）：系统内部元素间或系统与环境之间的信息传递。

第四，调控（Control）：在变化的环境中，产生一种适应行为以保持系统整体完整的过程。

将极为复杂的研究对象视为统一联系的整体，在系统理论和方法的指导下对其组成要素、层次结构及作用机理进行研究，可以寻求解决问题的最好途径。同样可以将土地整治重大工程项目看成一个系统，用系统科学的方法对其进行研究，土地整治重大工程的系统理论主要体现在结构—功能、系统的熵和可观可控性三个方面。

结构—功能。土地利用系统是一个多层次结构的复合体，不同尺度（广义、狭义）的土地利用系统结构与其相应层次的系统功能相关联，即它们之间存在着结构—功能因果链。合理的土地利用结构，可以产生结构效应，从而促使土地利用系统功能的增强与效率的提高。结构决定功能，这是系统理论得出的普遍结论。土地整治重大工程正是这一原理的具体体现，通过人类有目的的技术调节与协同，改变现有土地利用结构，优化其功能，不断提高土地利用效率与效益。土地利用学研究土地利用的基本原理与规律的实质，在于揭示土地利用系统内部结构与系统功能的内在机制和联系。因此，这一理论在整个土地整治重大工程基础理论中居于支配和主导地位。

系统的熵。土地系统是一个开放的、远离平衡态的和具有非线性反常涨落的系统，因此，它具有典型的耗散结构特征，可用"熵"这一术语来量化地描述。在开放的非平衡土地系统中，熵可分为两个部分：一部分是土地系统内部产生的熵，另一部分是与外界进行物质和能量交换引起的熵，系统的总熵则为两者之和。一般认为，土地系统的总熵小于零，说明土地的配置是有序的，也是合理的。输入土地系统的负熵，通常包括由太阳能、科技进步、最优土地利用及管理等提供的各种负熵流；输入土地系统的负熵，通常还包括由人类社会生产所消耗的以及土地系统在抵抗污染、人为破坏和自然灾害过程中所消耗的各种负熵流。如果人类的土地整治重大工程项目活动和对于环境的干扰破坏了土地系统的最大承载容量（阈限），这样，土地系统只能朝着熵增大的方向实行无序演化，最终倾向于各类过程的差异消失，变成完全均衡的混乱状态，即系统解体导致土地生态环境的恶化。反之，土地系统可以通过自身组织作用向有序化方向演化。可见，在土地整治过程中，负熵流的输入是至关重要的。

可观可控性。可观可控性是可观性与可控性的简称，是现代控制理论最重要的基本概念。可观性是指系统若在一定的时间间隔内输出的观测数据和输入的给定数据可以完全确定其状态的变化，则称系统在这一时刻是可观测的；若系统在任何时刻都是可观测的，则称系统完全可观测。可控性，是指系统若在有限时间间隔内能找到的一种控制作用使系统从一个状态转移到另外一个状态，则称系统在这一时刻是状态可控的；若系统在任何时刻都是状态可控的，则称该系统状态完全可控。根据这一定义，土地系统则具有可控性。实施土地整治重大工程就是人类通过对土地输入一定的控制作用，使土地从一种状态转移到另外一种状态。由于土地可以通过输出的各种产量和输入的各种投入（控制）来确定其状态，因此土地系统则具有可观测性。当然，在目前的经济技术水平下，土地系统仍具有很大的灰色性，尚不能实行完全可观可控，但在土地整治过程中，应尽量提高其可观可控性。

9.1.2 土地利用系统

一个土地单元和一个土地利用类型（包括一系列土地利用需求）相结合构成土地利用系统。土地单元是土地评价和研究的基本单位，在不同的研究尺度下需要划分大小不同的单元，但每个单元的土地质量或土地特性应该具有相对的一致性。土地利用类型是根据诸如与土地利用类型功能相关的生物、经济社会和技术等关键的土地属性来定义的。作物的选择、农用动力和工具、劳力的有效投入程度、土地利用经济效益和环境效益就是一些关键的土地属性。土地利用系统可以分为单一系统、复合系统和混合系统，它们的区别在于特定时空条件下土地利用类型呈现单一型（如牧业用地）、复合型（如城市边缘区）或混合型（如单一或复合系统的轮作）。任何一种土地利用系统都表现为自然、经济、社会的输入和环境—经济的产出，同时还会有其他产出输入或输出土地利用系统，对系统内外产生有益或有害的影响。这种错综复杂的关系如图 9 – 1 所示。

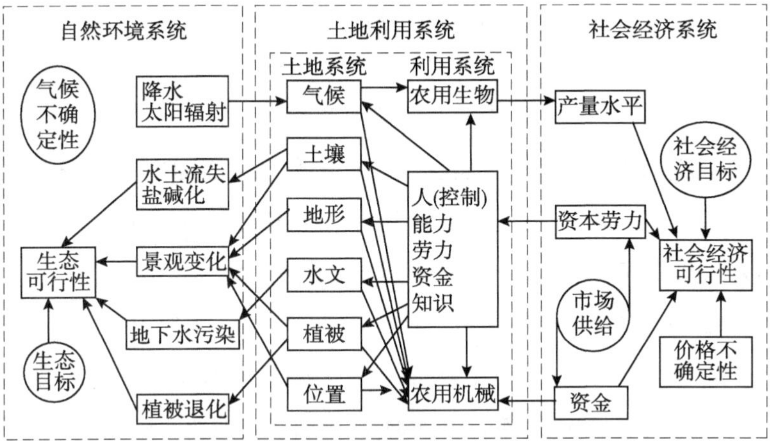

图 9-1　土地利用系统构成

注：根据 Zonneveld（1995），Dannlators（1992）修改。

土地利用系统是人类有目的的人工生态经济系统。不同等级层次的土地利用系统是为了实现各自层次人类主体目标而建立的。不同层次都有不同的主体，例如，全球系统的主体是整个人类，而区域系统的主体是本区域全体公民，在农作系统方面，它的行为主体是农户。同时，不同的主体都有各自的目标。从宏观层次看（政府为主体），土地利用系统包括：①生存空间目标。所有土地都具有一定的空间规模，这是土地的特点。土地利用的一项重要目标就是寻求区域人类生活和生产的空间。②生产目标。土地的一项重要功能就是为人类提供衣食住行的产品。无论是作为生态系统的土地，还是作为劳动对象的土地，土地利用的根本目标就是利用土地进行各类生产。③经济增长目标。在现代生活里，单纯的生产是不存在的，它必然和社会的经济增长相联系。区域土地利用的重要目标之一，是通过对土地空间和生态功能的利用，达到经济增长的目的。④环境质量目标。随着人口和工农业及其他用地行业的发展，土地所承受的压力越来越大，区域主体不得不考虑当前利益与长远利益的协调，维持子孙后代的永续利用，保持生物多样性，保持基因资源，建立自然保护区等环境质量目标。

9.1.3 土地整治重大工程系统

9.1.3.1 土地整治重大工程系统的构成

土地整治重大工程系统就是在特定的时间范围内土地整治活动与一定较大区域内的土地相互作用和相互依赖，结合在一起形成具有特定功能的有机整体，包括一定的土地单元、土地利用方式及特定的土地整治方式三项要素。其中土地单元是一个由气候、地貌、岩石、土壤、植被、水文、地质，以及人类活动和种种结果所构成的一个自然、经济复合体，是土地整治行为结果的载体。土地利用方式是在给定的自然、社会、经济背景下，按一定经营管理的技术指标加以详细规定和描述的土地利用类型。土地单元与土地利用方式结合构成了土地利用系统，但这种土地利用系统区别于一般的土地利用系统，它是一种利用率与产出率不高的低效均衡状态的土地利用系统，导致低效的原因是在土地利用过程存在诸如田块形状不规则、破碎、产权分散、灌排设施不健全等问题。土地整治方式正是针对土地利用系统中存在的这些问题而采取的活动，它通过物质、能量以及资金、技术与劳力的投入，对土地利用系统输入负熵流，改变土地利用系统的熵，使土地利用系统由低效、均衡状态向高效与非平衡状态的方向发展，同时这种土地整治方式还与土地整治系统以外的外部环境发生联系，甚至影响到外部环境。土地整治重大工程系统的构成如图 9 –2 所示。

9.1.3.2 土地整治重大工程系统的目标

当土地整治在欧洲起步时，其唯一的目的在于改善农业用地的地块结构。在大多数国家，继承法导致了对土地的无限制细分和无效益的占有，这给土地利用结构造成了很坏的影响。第二次世界大战以后，农地整治在大多数欧洲大陆国家变得非常重要。在 20 世纪六七十年代，农业规模经营成为极其重要的农业生产方式。这导致了经济实力雄厚的农场主收购破产农民的土地，从而使土地整治变

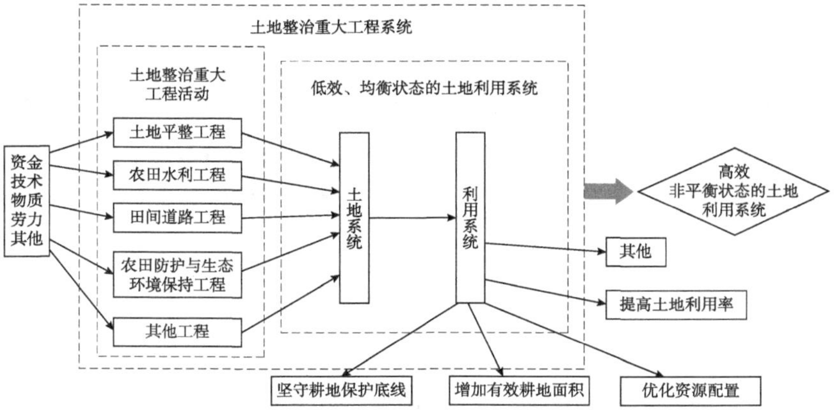

图9-2 土地整治重大工程系统的构成

得更加必要，包括一些改善农村地区农业生产条件的高成本手段也被使用到土地整治中来。近年来，农业的生产过剩和社会对环境的要求，使一些西欧国家的土地整治目标发生了明显的变化。在许多国家，优化景观和改善自然条件的措施成为土地整治的重要组成部分。同时，农地整治也从提高农业生产能力转变为改善农民生活条件和提高农业生产竞争力。德国、荷兰、丹麦、比利时、奥地利和法国等国的土地整治法律为改善土地整治地区的景观和生态条件提供了积极的引导。德国、荷兰、法国和瑞士的法律还要求土地整治机构在土地整治项目中建立环境影响评价委员会。德国通过在一些农业区进行土地整治模式的推广，实现了农村多目标发展。归纳起来看，欧洲开展的土地整治工作可以分成以下四种主要类型：①基础设施建设型：主要通过投资促进农业基础设施的改善。②多种目标型：通过土地整治达到生态改善，农村生活质量提高和农业生产效率提高等目标。③农业生产型：促进农业用地的经营规模。④特殊作物型：通过土地整治为某些特殊品种的农作物提供生产平台。所以，欧洲国家开展农村土地整治的目标主要有以下五个方面：①改变由于继承习惯造成农业耕作土地过于零散的现状；②改善农村路网，为农业机械运用提供便利；③加强农村的基础设施建设，促进现代化农业和农场的发展；④提高土地质量；⑤提高农村居民的生活质量。

土地整治重大工程是在全国耕地保护重点区域开展重大工程，有规模大、范围广、任务重的特征。随着我国经济社会的发展，我国的土地整治重大工程转轨为多目标、多类型的土地整治。所以，土地整治重大工程系统的目标有以下七个方面。

（1）坚守耕地保护底线，维系国家粮食安全

粮食安全问题是一个关系国计民生的重大问题。通过实施重大工程，建设优质、集中连片、基地化、现代化的农业生产体系和基本农田保护体系，提高粮食综合生产能力，提升项目区外调商品粮潜力，有力支持国内粮食需求，确保国家粮食安全。

（2）增加有效耕地面积，改善耕地总体质量

《国家粮食安全中长期规划纲要（2008—2020 年）》中明确提出"全国耕地保有量 18 亿亩红线和基本农田保有量不低于 15. 6 亿亩"的控制目标。土地整治重大工程项目区大多具有地形、土壤、水资源等优势，且耕地后备资源开发利用条件好。实施重大工程，集中连片推进土地平整、农田水利、田间道路和田间防护林等建设，不仅可以大幅增加有效耕地面积、提升耕地总体质量，也顺应了维系国家粮食安全，确保耕地面积，保护基本农田，加大土地整治复垦力度的形势。重大工程的建设，将从数量和质量上促进耕地保护，为确保国家 18 亿亩耕地红线做出重要贡献，助力藏粮于地战略的实施。

（3）优化资源配置，促进区域协调发展

通过实施重大工程，一方面进一步优化区域水土资源配置，提高水土资源利用效率，为土地资源的可持续发展奠定坚实基础；另一方面改善了农业发展现状，加速由传统农业向现代农业过渡，夯实农业产业化基础，突破农业发展瓶颈，增加农民收入，缩小城乡差距，促进区域协调发展。

（4）提高土地利用率，改善农村生产条件

通过重大工程建设，实施农用地整治、村庄整治、耕地后备资源开发和低效废弃建设用地复垦等，大规模开展“田、水、路、林、村”综合整治，完善项目区农业生产基础设施，为农业生产规模化、产业化经营创造有利条件，进一步提高粮食商品化和品牌化率，促进区域内大型农业龙头企业扩大生产基地规模，引导农户参与农业产业化，实现农户、企业与社会共赢，改善区域农村生产条件，起到促进现代农业发展、助力精准扶贫战略的重大作用。

（5）强化农田基础设施，促进美丽乡村建设

通过重大工程项目，实施新型农村建设和移民搬迁等子工程，同时与高效农业相结合，提高了农村基础设施配套水平，改变了村容村貌，实现农业增产农民增收，同时，以有效集聚潜在资源、有序统筹城乡发展的创新路径，搭建农村土地综合整治和农村群众按照城镇化规律集中居住的平台和载体，推进农村耕地、建设用地、劳动力、市场需求和公共服务资源集聚，集中有效性投入，减少过程性浪费，促进城乡统筹发展，为未来乡村振兴战略进一步贯彻落实提供有效支撑。

（6）推动高标准农田建设，提高作物产量

通过重大工程建设，建成地势平坦宽阔、水肥条件良好的良田，有效增加高标准农田面积；通过实施灌溉与排水工程，解决旱涝灾害对农业的影响，耕地产能得到明显提升，项目区粮食产量得以提高。

（7）改善区域生态环境，促进生态文明建设

通过重大工程建设，推进分层防控、沟被同治和增加耕地与保护生态并重的建设模式，种植农田防护林，促进退耕还林，治理水土流失，有效减少了水地流失，极大地提升沟坡和沟道的水土保持功效，推进了生态文明建设，土地整治“改善生态”的使命得以显化，土地整治与生态文明良性互动，有利于生态文明战略的实施。

9.1.4 土地整治重大工程建设对于经济社会发展的作用机制

土地整治重大工程建设对于经济社会发展的作用机制如图 9－3 所示。

9.1.4.1 土地整治重大工程建设对于经济发展的作用机制

通过土地整治重大项目实施，增加了农民收入，带动地方中小企业发展，从而促进了当地收入增加以及社会消费的发展。

通过项目的实施，完善了基础设施建设，大大提高了农民的生产便利程度。通过降低农业生产成本，提高了粮食生产能力，降低了粮食生产成本，提高了产能，保证了稳产，促进了农业增效和农民增收，提高了农民生活水平；同时增加了耕地面积，耕地流转费用普遍增加。重大工程的实施不仅改善农村地区的生产生活条件，增加农民经济收入，提高农民种粮的积极性，增强区域的内在发展动力，还为国家粮食安全提供了更加坚实可靠的保障。

促进项目区土地流转、增加农民财产性收入。通过合并零散地块、规范地块形状，为土地规模化经营、机械化生产创造条件，促进合作社等新型农业生产经营主体的发展壮大，促进耕地流转，增加农民财产性收入。并发展多种经营，为农业剩余劳动力向其他产业转移创造了条件。同时还带动了地方中小企业增收，增加了地方收入，拉动了社会消费。

9.1.4.2 土地整治重大工程建设对于社会发展的作用机制

通过重大工程实施，受益人数众多，增加了当地就业机会，各种工程建设如道路、水利、电力等对农村环境改善起到极大促进作用，农民满意度高，真正做到了民生工程得民心，推动了社会的和谐发展。

重大工程建设项目，作为一项党和政府在农村的惠民工程，赢得了广大农民群众的欢迎。同时将重大工程项目建设与扶贫工作相结合，在当地发改、农业、林业、扶贫等部门协作下，在贫困地区

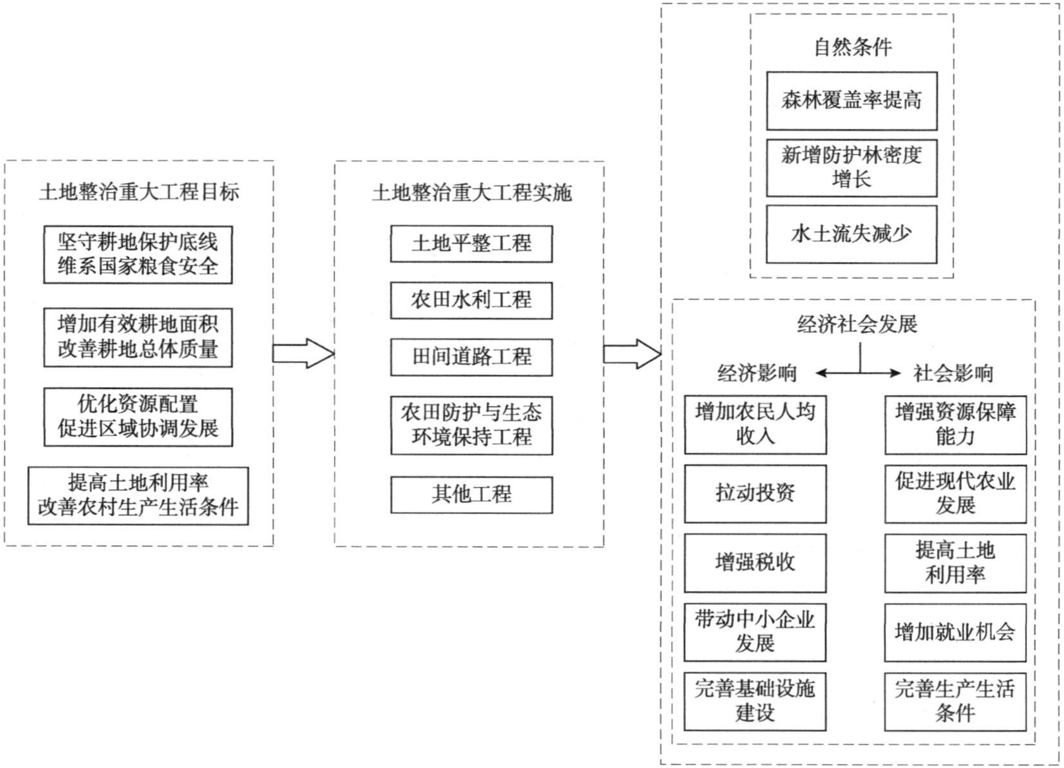

图 9－3　土地整治重大工程建设对于经济社会发展的作用机制

安排了一批建设项目，扶持了一批扶贫产业，帮扶了一批贫困人口脱贫。

重大工程项目的建设，完善了村内道路交通条件，通过居民点整治工程，对村内废弃建筑物进行拆除，美化了村居，改善了村内卫生条件。

重大工程促进移民和谐搬迁安置，支持南水北调中线工程建设。通过平整土地、农田道路、灌排设施的配套完善和农田防护林网等工程建设，土地利用率提高，耕地质量明显提高，项目区的生产生活条件得到改善，移民群众对安置点的满意度提高，使他们喜欢新家园并稳定在新家园安居乐业，为移民搬迁安置起到示范带动作用，从而促进库区移民和谐、提前搬迁安置，为支持南水北调工程建设打下基础，实现了社会稳定。

9.2　土地整治重大工程建设对于四大战略的传导机制

实践表明，土地整治重大工程已经成为助推国家有关战略加快落地的重要平台、发挥示范引领作用的重要手段和资源管理部门履职担当的重要抓手，在夯实国家粮食安全基础、推动现代农业发展、助推精准扶贫、促进生态文明建设等方面发挥了重要作用，“1 + N”综合效应日益显现。

9.2.1　土地整治重大工程保障国家粮食安全基础

土地整治为我国粮食的连年增产和国家粮食安全奠定了重要的物质基础（郧文聚，2011）。根据对土地整治重大工程建设成效的分析，结合“藏粮于地”战略的实施路径，本篇将土地整治重大工程助推“藏粮于地”战略的传导机制分为保持耕地数量与保护耕地质量两个方面，具体如图 9 –4 所示。

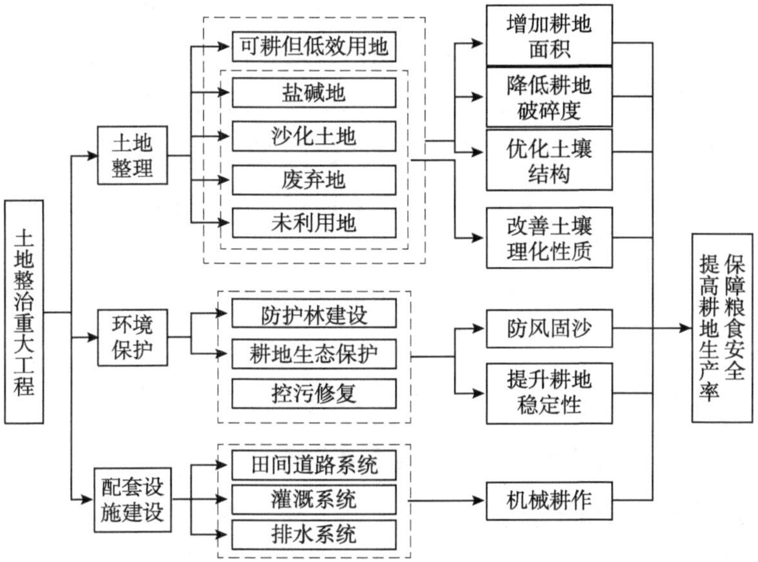

图 9-4 土地整治重大工程对"藏粮于地"战略的传导机制

9.2.1.1 有利于保持耕地数量

根据前文，保持耕地数量主要包括工程措施、生物措施和耕作措施三类措施。

① 在工程措施上，通过土地整治重大工程的实施，项目区内合理设置机耕地，完善排灌沟渠，整治原地块间未利用地，使田坎大量减少，并合理确定田块规模，扩大单元田块耕作面积，有效降低耕地破碎度，提高土地利用效率，降低劳动强度，为土地流转创造条件，促进耕地规模集约利用，促进粮食产量的增加。

② 在生物措施上，在土地整治重大工程建设过程中，实施了一系列生态环境治理工作，如防护林建设等，加强了农田生态环境保持建设，维持了农田生物多样性、生态景观的多样性和生态系统的稳定性，提高了植被覆盖率，实现了树种种植的多样化和景观化，达到了防风固沙、保持水土、农田防护和生态景观建设相结合的目标。

③ 在耕作措施上，土地整治重大工程注重改善农田道路，提高

田间道路质量与标准，完善田间道路系统，也注重有效地改善项目区内部及对外交通条件，提高农田道路通达度，满足农业机械耕作的要求。如此，改善或消除了机械化操作的限制性因素，有力地促进了机械化耕作，充分发挥农机抢农时、省劳力、增效益的作用，使劳动力成本降低，生产效率提高。同时，土地整治重大工程也注重项目区灌、排渠（管）道建设情况的改善，完善配套排水系统，保证排水顺畅；修建桥涵，优化机电井、输配水渠道系统，有效提高灌溉保证率和灌溉水质量，并提高项目区保土、蓄水能力，减轻旱灾对粮食生产安全的影响，提高农田抗灾能力，稳定粮食产能。

9.2.1.2 对耕地质量提升起重要作用

提升耕地质量主要包括“改、培、保、控”四个方面。“改”即改良土壤，“培”即培肥地力，“保”即保水保肥，“控”即控污修复。而土地整治重大工程对于耕地质量保护则主要起到第一、第三、第四项作用。

① 在改良土壤上，土地整治重大工程涉及对盐碱地，沙地、沙漠等沙化土地，工矿废弃地、煤矿塌陷区、特殊用地等废弃地，荒草地、裸地等未利用地的整治，改善了项目区土壤的理化性状，从而增强土地的粮食生产能力。

② 在保水保肥上，土地整治重大工程通过对低产或无产土地的整治，改善了农田土壤结构，增加了有效土层和耕作层厚度，提高了耕地基础地力；同时，通过灌排设施建设，优化了农田水利设施，提高了农田灌溉保证率和排涝标准，使灌溉水利用率明显提高。

③ 在控污修复上，土地整治重大工程虽不能控制化肥农药的投入量，但其通过防护林建设等工程，增加了项目区耕地的绿色植被覆盖率，从而提升了农业生产的稳定性，降低其在大风灾害等方面的风险，并通过提高生物多样性而提高了农田的自我修复能力。

9.2.2 土地整治重大工程助力国家扶贫开发战略

根据对土地整治重大工程建设成效的分析，结合“扶贫开发”

战略的实施路径，将土地整治重大工程助推“扶贫开发”战略的传导机制归纳为以下五个方面。

9.2.2.1　为地区发展特色产业创造条件

土地整治重大工程通过对无产能、低产能土地的修复，以及实施田间道路、水利工程等，在一定程度上增加了耕地数量，提升了耕地质量，并改善了项目区田间交通条件和农田水利条件，从而加强了该区域农田的生产力，为项目区创造了更好的农业生产条件。在此基础上，各项目区即可根据自身自然、人文及生产条件，选择适合地区发展的特色农业。并且，在政策与资金的支持下，贫困地区可建立区域特色农业基地，吸引企业入驻，产生规模效益，从而带动地区的产值与就业增长，为贫困人口增收（刘新卫，2016）。

9.2.2.2　推动农村劳动力向外输出

贫困地区脱贫的第一步是提升地区土地产能，发展特色农业，吸引外资，增加本地就业。在此基础之上，由于土地整治重大工程提升了土地平整度，增强了道路、水利配套设施建设，使贫困地区可进行机械化生产，加之企业的规模化生产模式，农村的生产率可得到大幅度提升，如此贫困地区的劳动力便得到节约，剩余劳动力即可进城务工。同时，地区可对输出劳动力开展职业培训，给予其交通补助，甚至建立农村人口与城市家政服务、物流配送、养老服务等产业的对接联系，定向解决贫困人口城市就业，如此便可大幅提高其收入水平，助其脱贫。

9.2.2.3　通过异地搬迁助力农民脱贫

土地整治重大工程涉及对居民点的拆迁与合并，因此便面临搬迁地点的选择、搬迁后住房建设标准的确定，以及补偿金的分配。而此三项均会影响搬迁居民的经济条件，尤其是对于贫困地区的居民。若政府因地制宜选择搬迁安置方式，合理确定住房建设标准与搬迁补偿标准，完善搬迁后续扶持政策（如为符合条件的搬迁户提供建房、生产、创业贴息贷款支持），确保搬迁对象有业可就、稳定脱贫（如支持搬迁安置点发展物业经济，增加搬迁户财产性收入），那么居民在搬迁后便可快速融入，并积极致富，摆脱其贫困现状（臧玉珠等，2019）。

9.2.2.4 结合生态保护提高贫困人口收益水平

土地整治重大工程包括生态环境保护工程，如盐碱地治理、石漠化治理、荒滩与荒草地开发利用、防护林建设、水土流失治理等，若在项目和资金安排上向贫困地区倾斜，加大贫困地区生态保护修复力度，增加重点生态功能区转移支付，即可提高贫困人口参与度和受益水平；结合建立国家公园体制，可创新生态资金使用方式，利用生态补偿和生态保护工程资金使当地有劳动能力的部分贫困人口转为护林员等生态保护人员；同时，可开展贫困地区生态综合补偿试点，健全公益林补偿标准动态调整机制，完善草原生态保护补助奖励政策，推动地区间建立横向生态补偿制度。通过以上措施，结合生态保护，在一定程度上助力贫困人口脱贫。

9.2.2.5 增加农民资产收益

如前文所述，土地整治重大工程可提升项目区的机耕水平，为此，居民便会购置大型农用机械，增加其固定资产持有量，进而通过租赁固定资产获取收益。但由于贫困人口购置机械存在困难，政府可在不改变用途的情况下，投入更多的财政专项扶贫资金和其他涉农资金到设施农业、养殖及乡村旅游资产领域。资产可由村集体、合作社或其他经营主体统一经营，但要建立健全收益分配机制，确保资产收益及时回馈持股贫困户。同时，可支持农民合作社和其他经营主体通过土地托管、牲畜托养和吸收农民土地经营权入股等方式，带动贫困户增收；贫困地区水电、矿产等资源开发，赋予土地被占用的村集体股权，让贫困人口分享资源开发收益。

综上，土地整治重大工程对“扶贫开发”战略的传导机制如图 9－5 所示。

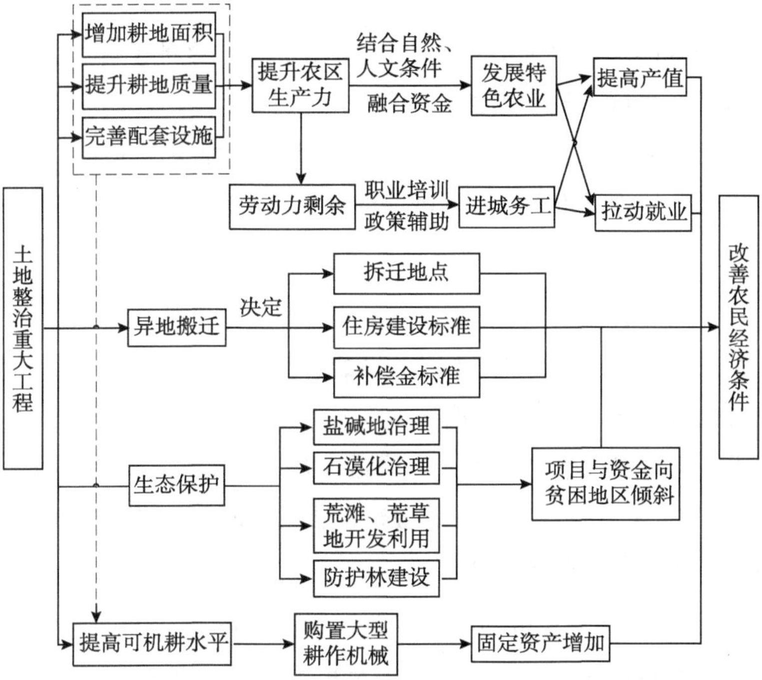

图 9－5 土地整治重大工程对“扶贫开发”战略的传导机制

9.2.3 土地整治重大工程推动乡村振兴战略

从整体实施进程来看，土地整治重大工程在推进实践中探索形成了良性运作的工作机制——落实在广大农村地区的科学完善的机制，有力地促进了乡村振兴战略的逐步贯彻和落实。主要表现在：一是“政府主导，农村集体经济组织和农民为主体，国土搭台、部门参与、上下联动”的工作机制逐步得到完善。二是各地发挥重大工程平台作用，以中央和地方土地整治专项资金为主体，统筹整合农业、水利、交通以及社会资本共同参与重大工程建设，发挥了资金的规模效益。三是综合运用无人机航拍、卫星遥感监测等信息技术，探索开展“天上飞、图上查、地上测”立体化监管，不断提高监管效率。四是聚焦关键技术研发，取得了实效。例如，延安治沟造地重大工程建设中，陕西省与相关科研机构密切合作，推广应用坡面植被恢复技术，形成基于黄土高原地区水土资源高效利用的治沟造地技术体系，为西北地区土地整治提供了很好的范例。

基于乡村振兴战略内涵，按照“产业兴旺、生活富裕、乡风文明、生态宜居、治理有效”的战略总要求，土地整治重大工程主要从以下五个层面助推乡村振兴战略的逐步贯彻落实。

9.2.3.1 促进第一产业、第二产业、第三产业融合发展

产业兴旺层面，土地整治重大工程可有效促进第一产业、第二产业、第三产业融合发展，助推农业供给侧结构性改革。在土地整治重大工程的引领下，各地以土地整治重大工程建设为契机，引导培育特色产业，聚集现代生产要素，发展适度规模化经营，建成一大批集“生产+加工+科技”于一体的现代农业产业园区，培育了农业农村发展新动能（孔雪松等，2019）。

9.2.3.2 加速贫困地区走向富裕生活

生活富裕层面，土地整治重大工程助推脱贫攻坚，为贫困地区增添了发展动力。各地把土地整治重大工程作为助推精准扶贫的重要抓手，探索推进定制化土地整治，为贫困地区农业农村发展注入了活力。重大工程惠及近百个贫困县，其中涉及国家级贫困县 55 个，共有 650 多万名农民受益，年人均增收近 700 元。

9.2.3.3 助力民族地区和谐稳定

乡风文明层面，土地整治重大工程的实施改善了边疆地区发展条件，助力民族地区和谐稳定。云南省在边境沿线连片实施重大工程，建成 350 多万亩高产稳产农田，人均拥有耕地由 0.49 亩提高到 1 亩以上，解决了当地 20 多万群众“口粮田”问题，促进了边疆地区经济社会发展，为实现兴边富民做出了重要贡献。

9.2.3.4 加强绿色理念融入生产生活

生态宜居层面，土地整治重大工程加强农田环境整治，推动生态文明建设。许多地方将绿色发展理念融入重大工程建设，通过综合实施坡耕地治理、盐碱地改良等措施，减少了水土流失，改善了

农田及农村生态环境。通过重大工程建设，甘肃、宁夏、陕西等地治理沙化地、盐碱地 60 多万亩，治理水土流失面积 350 多万亩，为推动形成绿色发展方式提供了支撑。

9.2.3.5　推动大规模建设高标准农田

治理有效层面，土地整治重大工程推动了大规模建设高标准农田，助力了各地的农地整治和粮产提升。从进展情况看，14 个重大工程已建成高标准农田近 2800 万亩，在增加有效耕地面积的同时，耕地质量平均提高约 1 个等级，亩均增产 200 斤左右，提高了耕地综合生产能力。

综上，土地整治重大工程推动乡村振兴战略的机制如图 9 -6 所示。

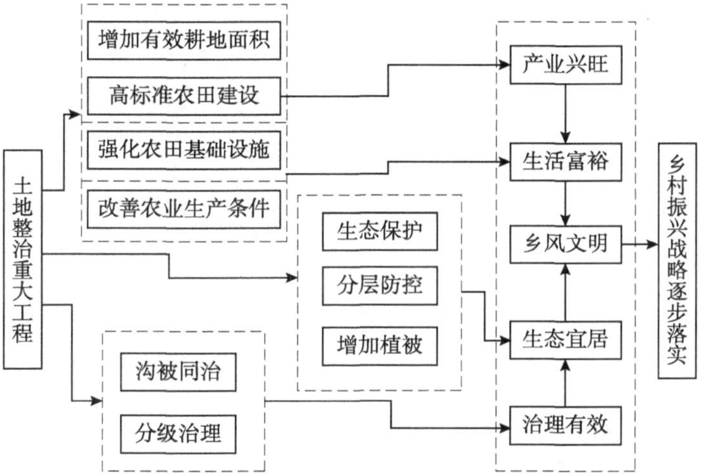

图 9 -6　土地整治重大工程推动乡村振兴战略

据此，开展土地整治重大工程建设，在保障国家粮食安全，促进城乡统筹发展，改善农村生产生活条件，促进建立产业兴旺、生态宜居、乡风文明、治理有效、生活富裕的美好乡村，以及全面建成小康社会等方面发挥了重要作用（龙花楼等，2018）。

9.2.4　土地整治重大工程提振生态文明建设

从生态文明战略的角度，无论是按照狭义的生态文明建设对于建设资源节约型、环境友好型和生态良好型社会的要求，抑或是广义的对于生产美化、生态美丽和生活美好的愿景，土地整治重大工程都发挥了重要的作用。

9.2.4.1 加快土地利用方式转型，增强资源环境承载能力

从概念层面上，土地整治重大项目是指依据土地利用总体规划和土地整治规划，在保护和改善生态环境、保持区域水土资源平衡的前提下，围绕实现提高耕地质量、增加耕地数量、保障粮食安全的规划目标，形成集聚规模效益，所采取的以落实重点区域内大规模耕地开发、大面积节水增地、大幅度提高基本农田产能为目的的土地整治、土地复垦和土地开发工程项目。

土地整治涉及生产方式和生活方式变革，符合节约资源和保护环境的国策，本质上服从并服务于生态文明建设。近年来，土地整治工作重心逐渐从增加耕地数量为主向增加耕地数量、提高耕地质量和改善生态环境并重转变，这一转变不仅促进了土地资源数量、质量和生态全面管护目标的实现，而且在推动全社会走上生产发展、生活富裕、生态良好的文明发展道路中发挥了重要作用。新时期，可以依托土地整治，加快土地利用方式转型以增强资源环境承载能力，修复受损自然生态系统以提升国土生态安全水平，优化生产生活生态空间以建设宜业宜居美好家园。

9.2.4.2 促进农业现代化发展，助力农村“生产美化”

开展土地整治工作是现代乡村“三生”（生活、生产和生态）的主要平台。近些年，由土地整治重大工程引领的土地整治方向开始向集中连片的田、水、路、林、村综合整治转变，土地整治内涵已经由单纯增加耕地数量向“数量管控、质量管理、生态管护、人文景观”四位一体综合整治目标转变，即实现集“数量、质量、生态、人文”四者并重的目标。

在生产方面，土地整治重大工程守护住了耕地红线，促进了农业的现代化发展。“十二五”时期，重大工程是建设高标准农田的重

要手段，如宁夏中北部土地开发整治重大工程建成的高标准农田约占宁夏建成总量的75%。一方面，通过对田水路林村综合整治，提高农业生产能力，田间道路通达率、农田灌溉保障率、农业生产机械化率得到普遍提升，为发展设施农业、生态农业奠定了基础；另一方面，土地整治重大工程还打造了支农平台，促进了社会和谐发展。通过土地整治重大工程项目建设，引导涉农资金集中投入，培育了较为稳定的农村经济增长点，初步形成了工业反哺农业、城市支持农村的城乡统筹发展平台，成为促进脱贫的重要手段。

9.2.4.3 推动农村生活环境改善，加速“生活美好”进程

在生活方面，土地整治重大工程有效地推动了城市和农村生活环境的改善与生活品质的提升，增加了农民收入，在推进社会和谐方面发挥了巨大作用。土地整治重大工程建设促进了农村基础设施建设和公共服务配套设施建设，大规模土地整治优化了农村土地利用结构和布局，盘活了农村闲置土地，提高了土地节约集约利用水平，形成了资金、技术、人力等生产要素的集聚效应，拉动了农村内需，促进了农业增效、农民增收和农村发展。未来，各个土地整治重大工程在逐步探索将国土综合整治任务目标与空间治理相结合，有针对性地开展综合整治：在城镇空间，重点针对人居环境恶化、用地粗放低效、大气污染、生态破坏等问题制定低效用地再开发、生态功能区整治的方向和目标。在乡村空间，重点针对农村生产生活设施落后、生态环境污染、乡村风貌改造等问题，确定城乡建设用地增减挂钩、高标准农田建设、乡村生态环境整治的方向和目标。

9.2.4.4 优化资源利用和改善环境，助推“生态美丽”建设

在生态方面，土地整治重大工程在增强资源保障、构建节约型社会和实现环境友好社会方面都发挥了巨大作用。土地整治重大工程建设始终将生态环境建设放在重要位置，注重采取工程、生物等措施，加大退化、损毁、污染土地的生态修复，着力改善土地生态

环境，实现生态安全和粮食安全的有机结合。绿色发展是全面推进生态文明建设的必然选择，国土是生态文明建设的空间载体，国土综合整治的主要任务就是整治“山水林田湖草”生命共同体，提升国土开发利用与资源环境承载能力之间的匹配度，构筑国土全域空间的生态安全屏障。坚持绿色发展就要推动土地整治向国土综合整治转型升级，促进山水林田湖生态保护与修复，优化国土空间开发格局，建设生态国土。以土地整治重大工程为平台和助力，有力地推进了农业供给侧结构性改革，其未来目标也是推行绿色生产方式，坚决把该退的退下来，把超载的减下来，加快生态环境修复治理，既要还历史旧账，也要为子孙后代留下生存发展空间。

据此，土地整治重大工程的实施，有效地推动了资源节约型、环境友好型和生态良好型社会的建设，从生产、生活和生态三方面提振了生态文明战略的贯彻落实，其对于生态文明战略的积极效应多种多样且影响深远。

综上，土地整治重大工程提振生态文明建设的机制及过程如图9－7所示。

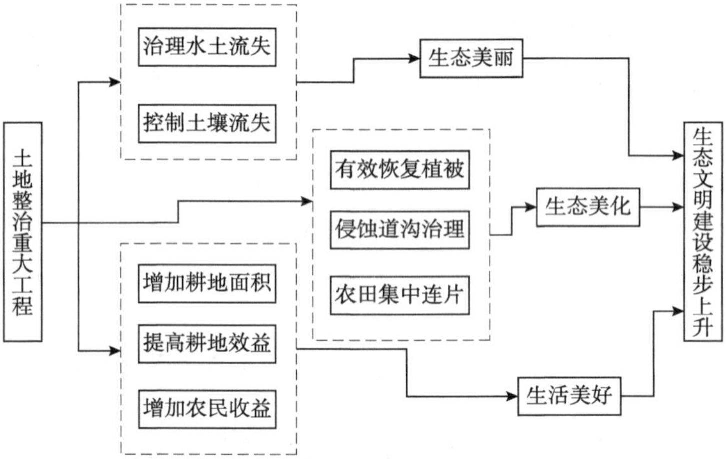

图9－7　土地整治重大工程提振生态文明建设

第十章 土地整治重大工程建设成效评估方法

10.1 评价指标选取原则与方法

10.1.1 评价指标选取原则

① 科学性原则。评价指标的科学性，一方面体现在指标的体系结构上，土地整治重大工程建设成效评价指标体系应当能够反映重大工程在促进农业生产水平、经济社会发展和生态文明建设等方面发挥的作用，并且在同类指标中相对具有代表性；另一方面体现在指标数据的处理过程中，原始数据的获取、指标权重的确定等必须科学合理。

② 差异性原则。本篇的四套评价指标体系是分别根据土地整治重大工程对藏粮于地、扶贫开发、乡村振兴和生态文明战略的传导实施效果建立的，四大战略在内涵上既有交叉又有各自的侧重之处，因此在选取指标时应从各战略本身出发，凸显战略特点。

③ 系统性原则。基于土地整治重大工程是一个系统的视角，协调其与外界社会、经济、生态系统之间的关系，各指标既要具有一定的逻辑关联，又要反映各系统间的内在联系。

④ 可行性原则。指标的选取应该是在当下人力、物力、财力等条件下可以获取和处理的，并尽可能量化以便评价结果之间的比较。

⑤ 实用性原则。指标选取应符合成效评估的要求，能够准确反映重大工程的建设成效，且能应用到具体的工程项目中。

10.1.2　评价指标选取方法

在满足评价指标科学性、系统性与实用性等原则的基础上，本篇评价指标体系采用理论分析法和专家咨询法相结合的方式来建立。理论分析法主要是对已开展的土地整治重大工程的建设规模、建设目标及建设成果的归纳总结，对藏粮于地、扶贫开发、乡村振兴和生态文明四大战略的内涵分析，结合相关文献，从准则层、次准则层、指标层和元素层选取能够准确反映土地整治重大工程对各战略传导落实的建设成效的指标；专家咨询法是在理论分析提出评价指标的基础上，进一步征询有关专家意见，对个别指标进行调整。运用这两种方法，最终得到土地整治重大工程建设成效评价指标体系。

10.1.3　核心指标选取方法

核心指标是在建立土地整治重大工程建设成效评价指标体系框架的基础上，按照一定的条件、原则和方法，从中选择并确定若干核心的、具有代表性的重要要素指标，从而能够从不同侧面简明扼要地反映土地整治重大工程建设对各重大战略实施的促进作用。本篇中核心指标的选择是基于代表性、重要性、可获得性和可量化性四个方面的原则，采用德尔菲法计算各指标的总频度和重要性分值来获得。并从土地整治重大工程建设成效评价指标体系中提出要素指标，咨询有关专家的意见，按照核心指标选择的原则对现有要素指标进行调查，最后选择出现概率高的指标。

本次土地整治重大工程建设对藏粮于地、扶贫开发、乡村振兴和生态文明四大战略促进实施的成效评价核心指标的确定，选择来自国土资源管理部门、土地整治重大工程项目建设相关部门、高等院校、科研院所等不同单位、不同背景的专家共六名，请每位专家分别对土地整治重大工程建设成效评价指标体系框架中的

全部 N 个单项要素指标进行评估，先按对各战略促进实施的效果评价的重要性选择 n 个指标并按照重要性大小进行排序，再根据专家排序结果按等差递减顺序原则进行重要性赋值（第一名重要性分值赋为 n，第二名重要性分值赋为 $n-1$，第三名重要性分值赋为 $n-2$，依此类推），统计得到该 n 个要素指标的重要性排序。最后，基于核心指标选择的代表性、重要性、可获得性和可量化性四个基本原则，确定最终入选的 n 个项目土地整治重大工程建设成效评价核心指标。

10.2 土地整治重大工程建设对四大战略促进作用的评估指标体系

10.2.1 土地整治重大工程建设促进藏粮于地战略实施评估指标体系

根据前文土地整治重大工程对“藏粮于地”战略实施传导机制的分析，本篇将土地整治重大工程建设促进该战略实施的成效目标分为增加耕地数量、提升耕地质量、提高粮食产能三个方面。基于指标体系构建与核心指标选择方法，经多次考量，对一级指标、二级指标进行反复设计，初定土地整治重大工程建设促进藏粮于地战略实施评估指标 33 个。同时设计《指标体系专家意见征求表》，邀请相关领域学者为指标打分，经过反复推敲，不断完善后，从众多指标中遴选出 18 个核心指标。实证时根据数据获取情况，将从中选取 8 个指标进行评估。最终建立的指标体系如表 10－1所示。

表 10-1　土地整治重大工程建设促进藏粮于地战略实施评估指标体系

成效目标	一级指标	二级指标	单位	说明	数据来源	指标类型	选择要求
增加耕地数量	新增耕地	建设规模	万亩	重大工程建设规模	设计报告和竣工验收报告或审计	正	必选
		建设规模中耕地面积	万亩	重大工程建设规模中耕地面积	设计报告和竣工验收报告或审计	正	必选
		新增耕地面积	万亩	重大工程建设增加的耕地面积	设计报告和竣工验收报告或审计	正	必选
		耕地面积增长率	%	耕地面积增长率 = 新增耕地面积/整治前耕地总面积 ×100%	设计报告和竣工验收报告或审计	正	备选
		新增耕地比率	%	新增耕地比率 = 新增耕地面积/重大工程建设规模 ×100%	设计报告和竣工验收报告或审计	正	备选
	新增高标准农田	新增高标准农田面积	万亩	重大工程建设增加的高标准农田面积	设计报告和竣工验收报告或审计	正	必选
		高标准农田面积增长率	%	高标准农田面积增长率 = 新增高标准农田面积/整治前高标准农田总面积 ×100%	设计报告和竣工验收报告或审计	正	备选
		新增高标准农田比率	%	新增高标准农田比率 = 新增高标准农田面积/重大工程建设规模 ×100%	设计报告和竣工验收报告或审计	正	备选

续表

成效目标	一级指标	二级指标	单位	说明	数据来源	指标类型	选择要求
提升耕地质量	优化田块规模	田块归并度	%	田块归并度 =（整治前田块数量—整治后田块数量）/整治前田块数量 ×100% （平均田块面积 = 田块总面积/田块图斑个数）	设计报告和竣工验收报告或审计，或者典型子项目现状图和规划设计图（矢量）及规划设计报告	正	二选一
		耕地破碎度降低率	%	耕地破碎度降低率 =（整治前的耕地破碎度 - 整治后的耕地破碎度）/整治前的耕地破碎度 ×100% （耕地破碎度 = 耕地田块图斑个数/耕地斑块总面积）	典型子项目现状图和规划设计图（矢量）及规划设计报告	正	
	提高土地利用效率	土地利用率提高值	%	土地利用率提高值 =（整治后工程区已利用面积 - 整治前工程区已利用面积）/重大工程建设规模 ×100% 已利用面积包括：农用地（耕地、园地、林地、牧草地、水利设施用地等）和建设用地（居民点和交通用地等）	设计报告和竣工验收报告或审计，或者工程所在村委会及县级相关单位访问	正	必选

续表

成效目标	一级指标	二级指标	单位	说明	数据来源	指标类型	选择要求
提升耕地质量	完善灌排条件	改善和新增灌溉面积	万亩	重大工程建设后改善和新增的灌溉面积	设计报告和竣工验收报告或审计	正	二选一
		改善和新增农田防涝面积	万亩	重大工程建设中因修建排涝沟、排涝泵站等排水设施而改善和新增的防涝总面积	设计报告和竣工验收报告或审计	正	
	完善交通条件	农田道路通达度增长率	%	重大工程建设前后在集中连片的田块中，田间道路直接通达的田块数占田块总数比率的增长率	典型子项目现状图和规划设计图（矢量）及规划设计报告	正	二选一
		田间道路工程量	千米	重大工程建设中新建、改建的田间道路、生产道路工程量总和	设计报告和竣工验收报告或审计	正	
提高粮食产能	提升作物产量	耕地质量提高等级	等	耕地质量提高等级 = 整治后工程区耕地质量等级 − 整治前工程区耕地质量等级	典型子项目所在县的农地分等定级成果，工程所在村委会及县级相关单位访问	正	必选
		新增粮食产量	吨	新增粮食产量 =（整治后单位面积粮食产量 − 整治前单位面积粮食产量）× 重大工程建设规模	竣工验收报告或审计，工程所在村委会及县级相关单位访问，问卷调查	正	二选一
		新增粮食产能	吨	采用典型项目的农用地利用等级进行分等换算。每提高国家农用地等级一个等，新增粮食产能 1500 千克/公顷	典型子项目所在县的农地分等定级成果，工程所在村委会及县级相关单位访问	正	

10.2.2 土地整治重大工程建设促进扶贫开发战略实施评估指标体系

根据前文土地整治重大工程对“扶贫开发”战略实施传导机制的分析，本篇将土地整治重大工程建设促进该战略实施的成效目标分为促进现代农业发展、拉动贫困人口就业、配套政策倾斜三个方面。基于指标体系构建与核心指标选择方法，经多次考量，对一级指标、二级指标进行反复设计，初定土地整治重大工程建设促进扶贫开发战略实施评估指标57个。同时设计《指标体系专家意见征求表》，邀请相关领域学者为指标打分，经过不断完善后，从众多指标中遴选出24个核心指标。最终建立的指标体系如表10－2所示。

10.2.3 土地整治重大工程建设促进乡村振兴战略实施评估指标体系

为了科学合理地评估土地整治重大工程对于实现乡村振兴战略的成效情况，此处以乡村振兴的战略愿景作为准则层选择的参考依据。在分析重大工程影响乡村振兴战略的具体机制的章节中，本篇展开论述了重大工程与乡村振兴“产业兴旺、生活富裕、治理有效、生态宜居、乡风文明”五大战略目标的对应关系，事实上，乡风文明是前述四大目标实现之后必然会形成的结果，而生活富裕与生态宜居的实现，则分别要以产业兴旺和治理有效为依托，因此可以说，为了实现乡村振兴的五大目标，产业兴旺与治理有效将是最为根本的努力方向。据此，以产业兴旺和治理有效分别作为两大成效目标，以提高耕地面积和粮食产能、改善农业生产条件、增加农业产值、优化土地利用结构、建设美丽乡村为一级指标，最终建立的指标体系如表10－3所示。

表 10－2　土地整治重大工程建设促进扶贫开发战略实施评估指标体系

成效目标	一级指标	二级指标	单位	说明	数据来源	指标类型	选择要求
促进现代农业发展	基础设施完善	改善和新增灌溉面积	万亩	重大工程建设后改善和新增的灌溉面积	竣工验收报告或审计	正	二选一
		改善和新增农田防涝面积	万亩	重大工程建设中因修建排涝沟、排涝泵站等排水设施而改善和新增的防涝总面积	竣工验收报告或审计	正	
		农田道路通达度增长率	%	重大工程建设前后在集中连片的田块中，田间道路直接通达的田块数占田块总数比率的增长率	典型子项目现状图和规划设计图（矢量）	正	二选一
		田间道路工程量	千米	重大工程建设中新建、改建的田间道路、生产道路工程量总和	设计报告和竣工验收报告或审计	正	
		改善和新增机耕面积	万亩	建设后改善和新增的适合机械作业的耕地面积，即田间道路通达、适于农田机械作业的耕地面积总和	竣工验收报告或审计	正	必选
	提升农业产值	新增农业总产值	万元	新增农业总产值＝（整治后单位面积农业产值－整治前单位面积农业产值）×重大工程建设规模	竣工验收报告或审计，工程所在村委会及县级相关单位访问，问卷调查	正	必选
		投入产出比减小值	—	投入产出比减小值＝整治前投入产出比－整治后投入产出比。（投入产出比为单位面积的生产投入和耕地产值的比值）	工程所在村委会及县级相关单位访问，问卷调查	正	必选

续表

成效目标	一级指标	二级指标	单位	说明	数据来源	指标类型	选择要求
促进现代农业发展	吸引企业	引进农业企业、农业合作社数量	个	通过土地整治重大工程的实施，吸引农业企业和农业合作社的个数	工程所在村委会及县级相关单位访问	正	必选
		引进企业投资额	万元	因重大工程建设引进的农业、农产品加工业或农业服务业投资额	工程所在村委会及县级相关单位访问，企业访问	正	必选
拉动贫困人口就业	工程建设拉动就业	参与工程建设的农民工人数	人	参与工程建设的农民工总人数	工程竣工验收报告或审计	正	备选
		农民工临时务工收入	万元	工程区农民因参加工程施工建设而获得的务工总收入	工程竣工验收报告或审计，问卷调查	正	必选
	企业入驻拉动就业	农民工当地就业增加人数	人	重大工程建成后，进入被引进的农业企业、农业合作社工作的当地居民人数	工程所在村委会及县级相关单位访问，企业、合作社访问	正	必选
配套政策倾斜	搬迁工程向贫困地区倾斜	工程区贫困人口搬迁数量	人	因重大工程建设而搬迁的农村居民数量	工程建设单位与项目区村委会访问	正	备选
		工程区贫困人口人均补偿金	万元/人	工程区贫困人口人均补偿金＝因重大工程建设而搬迁的农村居民所获得补偿金总额/因重大工程建设而搬迁的农村居民数量	工程建设单位与项目区村委会访问	正	必选
	生态保护工程向贫困地区倾斜	工程区贫困人口生态保护补助	万元	重大工程建设贫困人口生态保护补助总额	竣工验收报告或审计，工程所在村委会及县级相关单位访问，问卷调查	正	必选

表 10－3　土地整治重大工程促进乡村振兴战略实施评价体系

成效目标	一级指标	二级指标	单位	说明	数据来源	指标类型	选择要求
产业兴旺	提高耕地面积和粮食产能	新增耕地面积	万亩	重大工程建设增加的耕地面积	竣工验收报告或审计，工程所在村委会及县级相关单位访问	正	三选二
		新增粮食产能	吨	采用典型项目的农用地利用等线进行分等换算。每提高国家农用地等级一个等，新增粮食产能 1500 千克/公顷	农用地分等定级成果，工程所在村委会及县级相关单位访问	正	
		高标准农田面积增长率	%	高标准农田面积增长率＝新增高标准农田面积/整治前高标准农田总面积×100%	设计报告和竣工验收报告或审计，工程所在村委会及县级相关单位访问	正	
	改善农业生产条件	改善和新增灌溉面积	万亩	重大工程建设后改善和新增的灌溉面积	竣工验收报告或审计，工程所在村委会及县级相关单位访问	正	必选
		农田道路通达度增长率	%	重大工程建设前后在集中连片的田块中，田间道路直接通达的田块数占田块总数比率的增长率	典型子项目现状图和规划设计图（矢量）	正	必选
		改善和新增机耕面积	万亩	建设后改善和新增的适合机械作业的耕地面积，即田间道路通达、适于农田机械作业的耕地面积总和	设竣工验收报告或审计，工程所在村委会及县级相关单位访问	正	备选

续表

成效目标	一级指标	二级指标	单位	说明	数据来源	指标类型	选择要求
产业兴旺	改善农业生产条件	改善和新增农田防涝面积	万亩	重大工程建设中因修建排涝沟、排涝泵站等排水设施而改善和新增的防涝总面积	竣工验收报告或审计，工程所在村委会及县级相关单位访问	正	备选
	增加农业产值	新增农业总产值	万元	新增农业总产值 =（整治后单位面积农业产值 - 整治前单位面积农业产值） × 重大工程建设规模	竣工验收报告或审计，工程所在村委会及县级相关单位访问，问卷调查	正	必选
		投入产出比减小值	—	投入产出比减小值 = 整治前投入产出比 - 整治后投入产出比 （投入产出比为单位面积的生产投入和耕地产值的比值）	工程所在村委会及县级相关单位访问，问卷调查	正	必选
		土地流转面积	万亩	指重大工程项目建成后，签订土地承包及流转协议的土地面积	设计报告和竣工验收报告或审计，工程所在村委会及县级相关单位访问	正	必选

续表

成效目标	一级指标	二级指标	单位	说明	数据来源	指标类型	选择要求
治理有效	优化土地利用结构	土地利用率提高值	%	土地利用率提高值 =（整治后工程区已利用面积 – 整治前工程区已利用面积）/重大工程建设规模 ×100% 已利用面积包括：农用地（耕地、园地、林地、牧草地、水利设施用地等）和建设用地（居民点和交通用地等）	设计报告和竣工验收报告或审计，工程所在村委会及县级相关单位访问，问卷调查	正	必选
		废弃地、沙漠沙化地、废弃居民点、未利用地治理总面积	万亩	整治工程中项目治理的废弃地、沙漠沙化地、废弃居民点、荒草地、裸地等的面积之和	设计报告和竣工验收报告或审计，工程所在村委会及县级相关单位访问	正	必选
		绿色植被覆盖率提高程度	%	绿色植被覆盖率提高程度 = 重大工程实施后的绿色植被覆盖率 – 重大工程实施前的绿色植被覆盖率 绿色植被覆盖率 =（项目区林地面积 + 天然牧草地面积 + 人工牧草地面积 + 农作物面积）/项目区总面积 ×100%	设计报告和竣工验收报告或审计，工程所在村委会及县级相关单位访问	正	备选

续表

成效目标	一级指标	二级指标	单位	说明	数据来源	指标类型	选择要求
治理有效	建设美丽乡村	路网密度增长率	%	路网密度增长率=（重大工程建设后路网密度－建设前路网密度）/建设前路网密度×100% （路网密度=工程区内所有的道路的总长度/重大工程建设规模）	典型子项目现状图和规划设计图（矢量）	正	必选
		促进乡村旅游发展	元	土地整治前后带来的乡村旅游收入的变化	设计报告和竣工验收报告或审计，工程所在村委会及县级相关单位访问，问卷调查	正	必选
		改善村庄卫生条件	个	土地整治后村庄卫生条件得到明显改善的村庄个数	设计报告和竣工验收报告或审计，工程所在村委会及县级相关单位访问，问卷调查	正	必选
		优化村庄交通条件	个	土地整治后村庄道路交通条件得到明显改善的村庄个数	设计报告和竣工验收报告或审计，工程所在村委会及县级相关单位访问，问卷调查	正	必选

10.2.4 土地整治重大工程建设促进生态文明战略实施评估指标体系

鉴于生态文明指标体系在衡量区域生态文明发展水平方面的重要作用，一直以来，生态文明指标体系构建不仅是研究者关注的重点，也是政府相关规划重点关注的方面。目前，以生态文明建设为对象的指标体系研究成果颇丰，生态省份、生态城市等方面的指标与生态文明也具有类似的内涵和重叠的指标。整体来看，由于生态文明战略整体站位较高，生态文明战略的实现亦并不仅仅局限于生产、生活、生态的状况改善，而是从整个系统层面上，地区经济、社会、生态和制度等的全方位进步。

国家生态环境部对于生态文明建设试点示范区的评价有一整套完善的体系，具有较强的系统性、代表性，其主要选取生态经济、生态环境、生态生活、生态文化和生态制度五个维度作为生态文明的关键领域，对各个维度展开后进行评价分析。对土地整治重大工程而言，根据实际情况其对于生态文化和生态制度的影响不甚显著，此处仅选取其中影响较为突出的生态经济、生态环境和生态生活三个维度进行评价，进而筛选各领域较可能受到土地整治重大工程影响的重点方向与关键指标。最终的指标体系如表 10－4 所示。

10.3 指标数据无量纲化与指标权重确定

10.3.1 指标数据无量纲化处理

同一个指标体系中可能既包括定性指标又包括定量指标，各定量指标往往具有不同的计量单位，因此无法直接进行加权计算和比较，需要先进行数据的无量纲化处理。

表 10－4　土地整治重大工程促进生态文明战略实施评价体系

成效目标	一级指标	二级指标	单位	说明	数据来源	指标类型	选择要求
生态经济	增加农业产出	新增农业总产值	万元	新增农业总产值 =（整治后单位面积农业产值－整治前单位面积农业产值）×重大工程建设规模	竣工验收报告或审计，工程所在村委会及县级相关单位访问，问卷调查	正	必选
		投入产出比减小值	—	投入产出比减小值 = 整治前投入产出比－整治后投入产出比 （投入产出比为单位面积的生产投入和耕地产值的比值）	工程所在村委会及县级相关单位访问，问卷调查	正	必选
		土地流转面积	万亩	项目建成后，签订土地承包及流转协议的土地面积	设计报告和竣工验收报告或审计，工程所在村委会及县级相关单位访问，问卷调查	正	必选
	增加地方收入	增加税收	万元	参与重大工程项目立项、施工、验收等环节中所有单位缴纳的税金	设计报告和竣工验收报告或审计，工程所在村委会及县级相关单位访问，预算书	正	三选二
		引进企业投资额	万元	因重大工程建设引进的农业、农产品加工业或农业服务业投资额	设计报告和竣工验收报告或审计，工程所在村委会及县级相关单位访问，企业访问	正	
		引进农业企业、农业合作社数量	个	通过土地整治重大工程的实施，吸引农业企业和农业合作社的个数	设计报告和竣工验收报告或审计，工程所在村委会及县级相关单位访问	正	

续表

成效目标	一级指标	二级指标	单位	说明	数据来源	指标类型	选择要求
生态生活	生活质量改善情况	农民满意度	%	在调查中对项目实施表示满意的农民人数占调查总人数的比例	工程所在村委会及县级相关单位访问，问卷调查	正	必选
		生态移民数量	人	因项目建设，生态移民的人口数量	设计报告和竣工验收报告或审计，工程所在村委会及县级相关单位访问，问卷调查	正	备选
		农民人均年增收额	元/年·人	农民人均年增收额＝整治后人均年纯收入－整治前人均年纯收入	问询乡镇、问卷调查	正	必选
		贫困人口减少数量	人	通过重大工程项目建设，按照中国农村扶贫标准（人均纯年收入 2300 元/年）减少的农村贫困人口总数	问询乡镇、问卷调查	正	备选
	乡村基础设施改善	村屯道路硬化	千米	为村屯内新建、改建和修护的硬化水泥路工程量	设计报告和竣工验收报告或审计	正	必选
		新（改）建排污沟	千米	为村屯内新建、改建和修护的排污沟工程量	设计报告和竣工验收报告或审计	正	必选

续表

成效目标	一级指标	二级指标	单位	说明	数据来源	指标类型	选择要求
生态生活	乡村基础设施改善	促进乡村旅游发展	元	土地整治前后乡村旅游收入的变化情况	问询乡镇、问卷调查	正	备选
		改善村庄卫生条件	个	土地整治后村庄卫生条件得到明显改善的村庄个数	问询乡镇、问卷调查	正	必选
		优化村庄交通条件	个	土地整治后村庄道路交通条件得到明显改善的村庄个数	问询乡镇、问卷调查	正	必选
生态环境	环境友好情况	绿色植被覆盖率提高程度	%	绿色覆盖率提高程度 = 重大工程实施后的绿色覆盖率 − 重大工程实施前的绿色覆盖率 绿色植被覆盖率 =（项目区林地面积 + 天然牧草地面积 + 人工牧草地面积 + 农作物面积）/项目区总面积 × 100%	设计报告和竣工验收报告或审计，工程所在村委会及县级相关单位访问	正	必选
		废弃地、沙漠沙化地、废弃居民点、未利用地治理总面积	万亩	整治工程中项目治理的废弃地、沙漠沙化地、废弃居民点、荒草地、裸地等的面积之和	设计报告和竣工验收报告或审计，工程所在村委会及县级相关单位访问	正	必选

续表

成效目标	一级指标	二级指标	单位	说明	数据来源	指标类型	选择要求
生态环境	环境友好情况	新增农田防护林面积	万亩	整治工程中项目建设的农田防护林面积	设计报告和竣工验收报告或审计，工程所在村委会及县级相关单位访问	正	备选
		水土流失治理面积	万亩	项目治理的水土流失面积	设计报告和竣工验收报告或审计，工程所在村委会及县级相关单位访问	正	备选
	资源节约情况	亩均节水量	立方米/亩	整治工程中项目建设后项目区每亩耕地年均实际节约的生产用水总量（作物全生育期）	设计报告和竣工验收报告或审计，工程所在村委会及县级相关单位访问	正	二选一
		年均灌溉节水量	万立方米	土地整治重大工程项目建设后项目区年均灌溉用水减少总量 灌水减少量 = 整治前灌溉用水量 – 整治后灌溉用水量	设计报告和竣工验收报告或审计，工程所在村委会及县级相关单位访问，问卷调查	正	
		土地利用率提高率	%	土地利用率提高率 =（整治后工程区已利用面积 – 整治前工程区已利用面积）/重大工程建设规模 × 100% 已利用面积包括：农用地（耕地、园地、林地、牧草地、水利设施用地等）和建设用地（居民点和交通用地等）	设计报告和竣工验收报告或审计，工程所在村委会及县级相关单位访问，问卷调查	正	必选

首先，当指标体系中存在民众满意度、对国家重大战略思想的传播程度等定性指标时，先将其数据量化，以满意度为例：设定满意、比较满意、一般满意、不满意四个等级（也可以进一步细分），分别对应100分、75分、50分和25分。然后统一进行无量纲化。

无量纲化的方法通常有相对化处理法、极值法、标准化法、均值法等。由于本篇选择1～2个重大工程作为评价对象，数据较少，得到的平均值可能较大程度地偏离原始数据，考虑各方法的适用特点后，选用相对化处理法对数据进行无量纲化处理，其计算公式为：

$$x'_i = \frac{x_i}{\bar{x}_i} \tag{10-1}$$

或者

$$x'_i = \frac{\bar{x}_i}{x_i} \tag{10-2}$$

式中，x_i 是指标 i 的实际值；$\bar{x}$称为标准值，x'_i 为无量纲化后的数据。如果指标是正向指标，则采用公式（10－1），数值越大评分越高；如果指标是负向指标，则采用公式（10－2），数值越小评分越高。

经过这样的处理，消除了指标间的量纲差异，使所有指标的值落入［0，1］之间，便于之后的评价打分。

10.3.2 指标标准值确定

土地整治重大工程的建设成效与经济、社会、生态及乡村发展等具有密切的联系，同时成效的发挥又与具体的建设项目有关，如工程所在地的自然地理条件、建设主要目标等。本篇构建的四套指标体系分别与藏粮于地、扶贫开发、生态文明和乡村振兴战略相对应，隶属于这四个目标层下的指标的标准值可以通过以下五种方法来确定。

（1）国家的规划文件

国家有关规划是依据经济社会发展和土地自然历史特性，对未来一定时间内土地整治重大工程建设应该达到某种程度效果的期望，如《全国土地利用总体规划纲要（2006—2020年）》《全国土地整治规划（2016—2020年）》《国民经济和社会发展第十三个五年规划纲要》等。

（2）项目建设计划的目标设定

项目建设计划是在对建设项目人力、物力、财力等方面进行充分的可行性分析后，对项目整个建设过程工作的统一规划，既是预测和评价项目建设成效的重要依据，又是指导项目实施的文件，内容包括项目建设的目标等。每个土地整治重大工程项目的建设计划对目标都有明确的设定，且是在大量前期调查工作的基础上建立起来的，具有高度的科学性和专业性。因此，可以以项目建设计划的目标作为评价指标的标准值。

（3）专家认同标准

专家认同的标准适用于统计数据不易取得的评价指标，是专家经过实地调查分析，得到适合研究对象建设项目类型的标准值，该标准值具有一定的科学性和针对性。专家在此方面的研究时间久、专业精、领域广、有深度，得到的研究结果是专家智慧的结晶，经得起理论和实践的检验，可成为选取标准值的依据。例如，产能提高型土地整治重大工程项目的标准值可以为藏粮于地战略目标下的部分指标提供参考。

（4）典型项目标准

典型项目标准是指选取普遍认为对某一个或多个国家战略促进实施作用效果较好的土地整治重大工程建设项目，对其建设成效情况进行调查总结，并计算其指标值。在将待评价项目和该典型项目的工程特点对比后，对指标值合理修正后得到相关指标的标准值和评判标准。

（5）理想值标准

指标理想值是指在目前技术条件下，可达到或逼近的指标最优值。理想值不是任意指定的数值，而是能得到大多数人认可的数值。如乡村文明战略中有关评价农民获得感、幸福感等定性指标，可以通过问卷调查、实地走访等方式收集大量的原始信息，以获得感为例，对不同等级的调查结果赋予相应的权重（很高 100%、较高 80%、一般 60%、低 30%）进行计算，最终结果 =（很高的数量 × 100% + 较高的数量 × 80% + 一般的数量 × 60% + 低的数量 × 30%）/问卷总份数或走访总人数，其标准值可以采用理想值 100（满分）。

10.3.3 层次分析法确定指标权重

基于科学性、客观性和可操作性的考虑，本篇采用层次分析法进行指标权重的确定。层次分析法将一个复杂的决策问题作为一个系统，把目标分解为准则、次准则等若干层次，通过模糊量化的方法对各层次指标进行重要性排序，从而为难以完全定量分析的复杂问题提供简便决策的办法。

10.3.3.1 建立递阶层次结构

分析研究目标各因素的属性及其之间的关系，将属性相同的元素划分为同一层次。按照上一层次对下一层次起支配作用的原则构建递阶结构模型，如表 10－5 所示。

表 10－5 递阶结构模型

目标 A											
准则 B_1				……				准则 Bn			
次准则 C_1	次准则 C_2	……	次准则 C_n	次准则 C_{n+1}	次准则 C_{n+2}	……	次准则 C_{2n}	次准则 C_{2n+1}	次准则 C_{2n+2}	……	次准则 C_{3n}
	……								……		

10.3.3.2 构造两两比较的判断矩阵

对某一层次包含的所有元素进行两两比较，按重要性程度评定等级，将比较结果量化形成判断矩阵。判断矩阵的值反映了人们对各因素相对重要性的认识，一般采用九级标度法对其赋值，含义如表 10－6 所示。

表 10－6　判断矩阵标度及其含义

标度	含义
1	表示两个因素相比，具有相同重要性
3	表示两个因素相比，前者比后者稍重要
5	表示两个因素相比，前者比后者明显重要
7	表示两个因素相比，前者比后者强烈重要
9	表示两个因素相比，前者比后者极端重要
2，4，6，8	表示上述相邻判断的中间值
倒数	若因数 i 与 j 重要性之比为 a_{ij}，则因数 j 与 i 重要性之比为 $1/a_{ij}$

根据九级标度法形成的 n 阶判断矩阵形式如下：

$$\boldsymbol{A}=\begin{Bmatrix} a_{11} & a_{12} & \cdots & a_{1n} \\ a_{21} & a_{22} & \cdots & a_{2n} \\ \vdots & \vdots & \vdots & \vdots \\ a_{n1} & a_{n1} & \cdots & a_{nn} \end{Bmatrix}=\boldsymbol{A}(a_{ij}) \tag{10-3}$$

判断矩阵 $\boldsymbol{A}$ 中各元素具有下述性质：

$$a_{ij}>0;\ a_{ij}=\frac{1}{a_{ji}};\ a_{ii}=1(i,j=1,2,3\cdots n) \tag{10-4}$$

10.3.3.3　*层次单排序及其一致性检验*

（1）应用几何平均法计算判断矩阵最大特征根及特征向量

已知 n 阶判断矩阵 $\boldsymbol{A}$，求取各行元素的几何平均值：

$$b_i=\left(\prod_{j=1}^{m}a_{ij}\right)^{1/m};\ i=1,2,\cdots,m \tag{10-5}$$

对 b_i 进行归一化：

$$w_j=\frac{b_i}{\sum_{k=1}^{m}b_k};\ j=1,2,3,\cdots,m \tag{10-6}$$

所得 w 即为同一层次相应元素对于上一层某一因素相对重要性

的特征向量。

设判断矩阵 **A** 的最大特征根为 λ_{max}，其相应的特征向量为 w_j：

$$\lambda_{max} = \frac{1}{m}\sum_{i=1}^{m}\frac{\sum_{j=1}^{m} a_{ij}w_j}{w_i} \tag{10-7}$$

（2）一致性检验

由于客观事物的复杂性以及人们对事物认识的模糊性和多样性，所给出的判断矩阵不可能完全保持一致，权重系数是否合理，有必要进行一致性检验，计算一致性指标 CI：

$$CI = \frac{1}{m-1}(\lambda_{max} - m) \tag{10-8}$$

$$CR = CI/RI \tag{10-9}$$

式中：CI 为判断矩阵的一般一致性指标；m 为判断矩阵的阶数；CR 为判断矩阵的随机一致性比率；RI 为判断矩阵的平均随机一致性指标；RI 的具体值见表 10－7。

表 10－7　平均随机一致性指标取值

阶数	1	2	3	4	5	6	7	8	9	10
RI 值	0.00	0.00	0.58	0.90	1.12	1.24	1.32	1.41	1.45	1.49

当随机一致性比率 $CR<0.10$ 时，认为判断矩阵具有满意的一致性。否则，就认为初步建立的判断矩阵是不能令人满意的，需要重新调整元素标度值，直到具有满意的一致性为止。

10.3.3.4　层次总排序及一致性检验

利用同一层次中所有层次单排序的结果，就可以计算针对上一层次而言本层次所有因素重要性的权值，这就是层次总排序。层次总排序需要从上到下逐层顺序进行，对于最高层下面的第二层，其层次单排序即为层次总排序。若上一层次 A 含有 m 个因素 A_1，A_2，…，A_m，其组合权值为 a_1，a_2，…，a_m，下一层次 B 包含 n 个因素 B_1，B_2，…，B_n，他们对因素 A_j的相对权值分别为 b_{1j}，b_{2j}，…，b_{nj}（当 B_i与 A_j无关时，$B_{ij}=0$），此时 B 层因素的总排序由表 10－8 给出。

表 10-8　层次总排序表

层次 A / 层次 B	A_1	A_2	…	A_m	B 层总排序
	a_1	a_2	…	a_m	$\sum_{j=1}^{m} a_j b_{ij}$
B_1	b_{11}	b_{12}	…	b_{1m}	
…	…	…	…	…	…
B_n	b_{n1}	b_{n2}	…	b_{nm}	$\sum_{j=1}^{m} a_j b_{ij}$

此外，还需要进行层次总排序的一致性检验，该步也是从上到下逐层进行的。CI 为层次总排序一致性指标；RI 为层次总排序平均随机一致性指标；CR 为层次总排序随机一致性比例。其中：

$$CI = \sum_{j=1}^{m} a_j CI_j$$

式中，CI_j为与 a_j对应的 B 层次中判断矩阵的一致性指标。

$$RI = \sum_{j}^{m} a_j RI_j$$

式中，RI_j为与 a_j对应的 B 层次中判断矩阵的平均随机一致性指标。

层次总排序随机一致性比例 $CR = \frac{CI}{RI}$。

同样，当 $CR < 0.10$ 时，认为 B 层组合判断具有满意的一致性，否则，需要重新调整判断矩阵的因素取值。

10.4　土地整治重大工程建设成效评估方法

（1）目标比较法

根据土地利用规划、土地整治规划和项目建设方案等文件确定成效评估理想值，将项目建设成效的实际值 x_n 与理想值$\bar{x}_n$ 进行比较，分析目标完成情况和存在差异的原因，对未达到理想值的指标提出改善意见。

（2）综合评估法

基于土地整治重大工程建设对藏粮于地、扶贫开发、乡村振兴和生态文明四大战略的传导机制分析，结合理论分析法和专家咨询法构建土地整治重大工程建设对各战略促进实施的成效评估体系，采用层次分析法确定权重，对工程建设进行成效评估。

首先，将指标数据进行无量纲化处理，同式（10－1）或式（10－2）。

然后，通过层次分析法确定各层次指标权重，步骤详见10.3.3。

之后，分别计算次准则层、准则层和目标层指标的成效指数：

$$F_{ijk} = \sum_{t=1}^{n} (x_{ijkt} \times w_{ijkt}) \quad (10-10)$$

$$F_{ij} = \sum_{k=1}^{n} (F_{ijk} \times w_{ijk}) \quad (10-11)$$

$$F_{i} = \sum_{j=1}^{n} (F_{ij} \times w_{ij}) \quad (10-12)$$

式中：F_{ijk}——i 目标 j 准则 k 次准则的土地整治重大工程建设成效指数；

F_{ij}——i 目标 j 准则的土地整治重大工程建设成效指数；

F_{i}——i 目标的土地整治重大工程建设成效指数；

x_{ijkt}——i 目标 j 准则 k 次准则 t 指标的无量纲化值；

w_{ijkt}——i 目标 j 准则 k 次准则 t 指标的权重值；

w_{ijk}——i 目标 j 准则 k 次准则的权重值；

w_{ij}——i 目标 j 准则的权重值；

n——指标个数。

最后，进行土地整治重大工程整体成效指数 F 的计算：

$$F = \sum_{i=1}^{n} F_{i} \times w_{i} \quad (10-13)$$

利用指标体系评价法进行土地整治重大工程建设成效综合评价分析时，通过加权计算得到最终成效指数 F 后，还需通过确定土地整治重大工程对各大战略促进实施的成效评价阈值，根据具体成效指数 F 所属阈值的范围评定土地整治重大工程的建设成效。根据土地整治重大工程建设成效综合评价指标的特性，其阈值应是一个区间。阈值一般可通过典型样本取得，也可依据其他土地整治建设项目评价的相关结论和国家制定的标准确定。常用的确定阈值的方法有：

① 国家、地方相关文件及项目建设标准。如“土地整治重大工程成效评估工作指南”（2016 年度参考用稿）、《全国土地整治规划（2016—2020 年）》、“试点阶段土地整治项目绩效评价工作手册”以及“土地整治重大工程建设项目预期目标”等均可作为获取成效评价指数阈值的依据。

② 调查阈值。可通过对土地整治项目建设参与者以及项目区周边居民进行调查获得，项目建设的施工方、设计方、建设方、监理方均对项目有较深入的了解，通过实地调查，可获得参与各方和项目区周边居民对该项目在藏粮于地、扶贫开发、乡村振兴和生态文明四大战略促进实施方面的定性定量判断，分析得到成效评价阈值。

③ 统计阈值。统计分析法是确定阈值的重要手段，但要求可获得大量项目样本数据，通过对多个土地整治重大工程建设项目对国家战略促进实施成效进行评估得到成效指数，然后利用频率统计、聚类、变化规划等数学分析方法寻找成效指数统计趋势线的转折点，确定其阈值。

④ 经验阈值。可给定专家定性评价标准，一共有四种状态：促进战略实施成效显著状态、促进战略实施成效良好状态、促进战略实施成效一般状态、促进战略实施成效不明显状态。就某个建设项目对多位专家进行询问后，要求他们给出定性结果，并计算其对各战略促进实施成效指数 F，根据计算结果与专家评定的一致性，确定成效评价阈值。

土地整治重大工程建设成效的划分具有很强的主观性，且项目对藏粮于地、扶贫开发、乡村振兴和生态文明四大战略促进实施效果的成效评价涉及的影响因素繁杂、指标类型多，由于现有样本数据有限，国家尚未对土地整治重大工程建设成效进行具体界定，确定成效指数的阈值范围难度很大。本篇首先将土地整治重大工程建设成效分为促进战略实施成效显著、促进战略实施成效良好、促进战略实施成效一般、促进战略实施成效不明显四种状态，分别处于0～100分中的四个分段。综合借鉴已有的政府文件及资料，推荐的阈值范围为：0～60分为促进战略实施成效不明显状态；61～75分为促进战略实施成效一般状态；76～90分为促进战略实施成效良好状态；91～100分为促进战略实施成效显著状态。

在实证研究中，针对具体的项目，将在已推荐阈值范围的基础上，综合运用经验阈值法与调查阈值法来确定评价阈值。首先在调研过程中对项目区周边居民及项目建设方等发放调查问卷，使其综合考虑项目的各类条件，为四类建设成效分别划分分值区间；其次在调研后对该领域专家发放调查问卷，在阐明项目建设状况后咨询其对四类建设成效分值区间划分的意见；最后根据项目区周边居民、项目区监理方以及专家的阈值设定，计算成效评价指数阈值。

第十一章　实证研究

11.1　土地整治重大工程对藏粮于地战略成效评估

本篇实证研究以南水北调丹江口库区（淅川县）移土培肥土地整治重大项目为例，评价其对藏粮于地战略的促进作用。

11.1.1　案例区重大工程概况

丹江口水库一期工程于 1958 年 9 月正式动工，1967 年 11 月开始蓄水，1973 年主体工程建成，水库正常蓄水水位提高到 157 米。淹没河南省淅川县国土面积 362 平方千米，淹没耕地 28.5 万亩，淅川富饶的三大川（丹阳川、顺阳川、板桥川）基本淹没。

南水北调中线工程丹江口水库大坝加高后，水库正常蓄水位由 157 米提高到 170 米，淅川县将新增淹没国土面积 144 平方千米，10 个乡镇的 13.1 万亩良田将被淹没，库周肥沃良田几乎淹没殆尽；动迁人口 16.2 万人，超过三峡库区农村移民人口最多的万县市（现为万州区）。淹没后 172 米水位线以上的库周乡镇生活着新老移民近 20 万人，库周群众 27.6 万人仅有耕地 21.92 万亩，人均 0.81 亩，有效灌溉面积仅有 1.96 万亩，占仅有耕地的 8.94%，且主要是山岗梯田和山坡薄地，生活条件十分恶劣。

为了改善淅川县山丘区耕地质量和生产条件，加快恢复淅川县经济社会发展元气，有效保护和合理利用库区即将淹没的耕作层土壤，河南省在参照三峡库区实施“移土培肥”成功经验的基础上，成立了项目调研工作组。该工作组进行了充分调研和论证，认为在淅川库区实施“移土培肥”工程既能满足国家耕地保护和移民安置需要，又符合《国务院关于支持河南省加快建设中原经济区的指导意见》中建设中线工程渠首水源地高效生态经济示范区和加强库区生态保护的长远需要。

2011 年 11 月 22 日，国土资源部和财政部发函支持实施南水北调中线工程丹江口库区（淅川县）移土培肥工程（国土资函〔2011〕846 号）。2012 年 4 月，河南省政府批准淅川移土培肥项目立项（豫政文〔2012〕67 号文），6 月 4 日，国土资源部、财政部组织相关专家对移土培肥项目进行了实地踏勘和《南水北调中线工程丹江口库区（淅川县）移土培肥工程可研报告》论证评审。2013 年 1 月 11 日国土资源部、财政部对此项目进行了批复（国土资函〔2013〕45 号文），同意支持实施本项目建设。

南水北调丹江口库区（淅川县）移土培肥土地整治重大项目共安排 2 个年度 2 个子项目。批复的河南移土培肥重大工程建设总面积 52.94 万亩，新增耕地 0.19 万亩。

11.1.2　案例区重大工程对藏粮于地战略成效评估

11.1.2.1　指标值获取与计算

赴河南省南阳市淅川县项目区实地调研，获取所需数据，在筛选、处理后计算出以下指标数据（见表 11－1）。

表 11－1　河南省南水北调中线工程丹江口库区（淅川县）移土培肥土地整治重大工程藏粮于地战略成效评价指标测算

成效目标	一级指标	二级指标	指标值	单位	指标类型
增加耕地数量	新增耕地	建设规模	52.94	万亩	正
		建设规模中耕地面积	21.72	万亩	正
		新增耕地面积	0.21	万亩	正
		耕地面积增长率	0.96	%	正
		新增耕地比率	0.40	%	正
	新增高标准农田	新增高标准农田面积	14.03	万亩	正
		高标准农田面积增长率	177.64	%	正
		新增高标准农田比率	26.50	%	正
提升耕地质量	优化田块规模	平均田块面积增长率	45.67	%	正
	提高土地利用效率	土地利用率提高值	0.40	%	正
	完善灌排条件	改善和新增灌溉面积	21.27	万亩	正
	完善交通条件	农田道路通达度增长率	38.96	%	正
提高粮食产能	提升作物产量	耕地质量提高等级	1.00	等	正
		新增粮食产量	60327	吨	正

11.1.2.2　指标权重确定

本篇应用层次分析法对各指标赋权。

（1）指标层权重测算结果

指标层权重测算结果，如表 11－2、表 11－3、表 11－4 所示。

表 11－2　增加耕地数量各指标权重测算结果

增加耕地数量	建设规模	建设规模中耕地面积	新增耕地面积	耕地面积增长率	新增耕地比率	新增高标准农田面积	高标准农田面积增长率	新增高标准农田比率	指标权重
建设规模	1	1/2	1/3	1/3	1/2	1/5	1/4	1/3	0.0433
建设规模中耕地面积	2	1	1/2	1/2	1	1/3	1/2	1/2	0.0760

续表

增加耕地数量	建设规模	建设规模中耕地面积	新增耕地面积	耕地面积增长率	新增耕地比率	新增高标准农田面积	高标准农田面积增长率	新增高标准农田比率	指标权重
新增耕地面积	3	2	1	1	2	1/2	1	1	0.1415
耕地面积增长率	3	2	1	1	1	1/2	1	1	0.1298
新增耕地比率	2	1	1/2	1	1	1/2	1/2	1	0.0951
新增高标准农田面积	5	3	2	2	2	1	1	2	0.2244
高标准农田面积增长率	4	2	1	1	2	1	1	1	0.1600
新增高标准农田比率	3	2	1	1	1	1/2	1	1	0.1298

在层次单排序一致性检验中，计算可得 $\lambda_{max}=8.1025$，$CI=0.0146$，$RI=1.41$，故 $CR=0.0104<0.1$，通过一致性检验。

表 11-3 提升耕地质量各指标权重测算结果

提高耕地质量	农田道路通达度增长率	改善和新增灌溉面积	平均田块面积增长率	土地利用率提高值	指标权重
农田道路通达度增长率	1	1/3	1/3	1/5	0.0776
改善和新增灌溉面积	3	1	1	1/3	0.2010
平均田块面积增长率	3	1	1	1/3	0.2010
土地利用率提高值	5	3	3	1	0.5205

在层次单排序一致性检验中，计算可得 $\lambda_{max}=4.0434$，$CI=0.0145$，$RI=0.9$，故 $CR=0.0161<0.1$，通过一致性检验。

表 11-4 提高粮食产能各指标权重测算结果

提高粮食产能	耕地质量提高等级	新增粮食产量	指标权重
耕地质量提高等级	1	1/3	0.2500
新增粮食产量	3	1	0.7500

在层次单排序一致性检验中，$\lambda_{max}=2$，$CI=0$，$RI=0$，二阶的正反矩阵总是具有一致性，故通过检验。

（2）准则层权重测算结果

准则层权重测算结果，如表 11－5 所示。

表 11－5　三准则层权重测算结果

	增加耕地数量	提升耕地质量	提高粮食产能	指标权重
增加耕地数量	1	1/3	1/3	0.14
提升耕地质量	3	1	1	0.43
提高粮食产能	3	1	1	0.43

在层次单排序一致性检验中，计算可得 $\lambda_{max}=3.001$，$CI=0.0005$，$RI=0.58$，故 $CR=0.0009<0.1$，通过一致性检验。

（3）各指标最终赋权结果

将各指标的指标层权重与对应的准则层权重相乘，测算得出各指标最终权重（见表 11－6）。

表 11－6　各指标最终权重测算结果

目标层	成效目标	一级指标	二级指标	指标权重
藏粮于地	增加耕地数量	新增耕地	建设规模	0.0061
			建设规模中耕地面积	0.0106
			新增耕地面积	0.0198
			耕地面积增长率	0.0182
			新增耕地比率	0.0133
		新增高标准农田	新增高标准农田面积	0.0314
			高标准农田面积增长率	0.0224
			新增高标准农田比率	0.0182
	提升耕地质量	优化田块规模	平均田块面积增长率	0.0864
		提高土地利用效率	土地利用率提高值	0.2238
		完善灌排条件	改善和新增灌溉面积	0.0864
		完善交通条件	农田道路通达度增长率	0.0334
	提高粮食产能	提升作物产量	耕地质量提高等级	0.1075
			新增粮食产量	0.3225

在层次总排序一致性检验中，计算可得 $CI = 0.0083$，$RI = 0.5844$，故 $CR = 0.0142 < 0.1$，通过一致性检验。

11.1.2.3 成效评估结果及因子分析

（1）增加耕地数量，优化用地结构

耕地作为紧缺性的农业资源，是粮食生产的载体，移土培肥是有效保护耕地、提高耕地质量的重要途径。南水北调丹江口库区（淅川县）移土培肥土地整治重大项目建设规模 52.94 万亩，其中耕地面积达到 21.72 万亩。通过土地平整工程、覆土工程的实施，充分利用被淹耕地上肥沃的表层土壤进行坡改梯以及推动其他用地（田坎和裸地）向耕地的转化，合理确定田块规模，有效降低耕地破碎度，新增有效耕地面积 0.21 万亩，耕地面积增长率和新增耕地比率分别达到 0.96% 和 0.4%，土地利用有效供给面积增加，项目区土地利用结构得到一定程度的优化。

（2）增加高标准农田面积，完善土地利用布局

高标准农田是土壤肥沃、集中连片、设施完善、高产稳产、生态良好，与现代农业生产和经营方式相适应的高质量耕地，对于提高农田质量和粮食综合生产能力具有重要意义。项目区通过田、水、路、林、村综合整治，显著提高了淅川县农业生产的规模化、集约化、机械化水平，实现了“地平整、土肥沃、旱能灌、涝能排、路相通、林成网”，使高标准基本农田新增加 14.03 万亩，约是整治前工程区内高标准基本农田面积的 1.78 倍；新增高标准农田比率达到 26.5%，约是新增耕地比率的 66 倍，极大地增加了项目区耕地尤其是优质耕地的数量，为农业实现现代化和可持续发展奠定了物质基础。

（3）降低土地破碎度，提高土地利用效率

移土培肥土地整治重大工程实施前，项目区田块图斑数量多，平均面积小，形状不规则，阻碍了规模化农业生产的发展。通过土地平整、覆土等工程的实施，对小而分散、无序的田块进行合并及整合，对形状不佳的田块进行修饰和延展，使淅川县农业生产区域

耕地地块集中连片，平均田块面积变大，与整治前相比增长了45.67%，从而降低了耕地细碎度，优化田块规模，满足农业机械耕作的要求，扩大了农业可机耕作业化的范围，挖掘低效或无效田块的利用潜力，使土地利用效率提高0.4%，避免了土地资源的闲置浪费，增加了有效耕作面积。

虽然土地利用效率有所提高，但提高幅度较小不足1%，未能充分发挥其对增加耕地质量的重要作用，故需要在此项目建设的基础上，寻找更加有效地增加整治区域土地可利用面积的方法。

（4）改善农业生产条件，全面提高耕地质量

灌溉与排水、田间道路工程是南水北调丹江口库区（淅川县）移土培肥土地整治重大项目的重要组成部分。项目建设过程中修筑各类井546眼、各级渠系21.42千米、拦河坝47座、蓄水池69座，完善了节水灌溉工程的田间配套设施，提高农用水的有效利用系数，灌溉水利用系数提高0.2，亩均节水量达到25.48立方米/亩，促进水资源的节约集约利用，改善和新增灌溉面积21.27万亩；建成田间道路767.1千米、生产道路634.07千米，加强了田块间的沟通和联系，完善田间道路系统配套设施建设，改善了项目区对内对外交通条件，使整治后农田道路通达度增长38.96个百分点。灌排和交通条件的完善提高了项目区防灾减灾能力和农业生产的机械化水平，实现了用地强度的提升、低效废弃地的再利用和整体农业结构与布局的优化，为耕地质量提高提供了良好的硬件条件。

（5）耕地质量等级变化，增加粮食产量

通过土地整治项目从土地平整、排水灌溉、田间道路和农田防护全方位、多角度的工程建设，挖掘有潜力的土地并将其开发成为质量等级较高的农田。项目实施后，实现整体耕地质量有所提高，耕地质量等级平均提升一个等。由表11－7可知，整治前项目区国家平均自然质量等指数为2682，国家平均利用等指数为1171，国家平均经济等指数为1332；国家平均自然质量等为8.3等，国家平均利用等为9.15等，国家平均经济等为8.34等。工程实施后，淅川

县农业基础设施体系逐渐完备，耕作条件和耕地生产能力有所提高，国家平均自然质量等指数达到3067，为7.33等；国家平均利用等指数达到1305，为8.48等；国家平均经济等指数达到1474，为7.63等。土地质量平均提升一个等级，每年新增粮食产量达60327吨，在落实“藏粮于地”战略方面发挥了重要作用，使国家粮食安全得到有效保障。

表11-7 项目区整治前后耕地质量等级对照

等级类型	整治前		整治后	
	平均等指数	平均等	平均等指数	平均等
国家自然质量等	2682	8.30	3067	7.33
国家利用等	1171	9.15	1305	8.48
国家经济等	1332	8.34	1474	7.63

（6）农业产值增加，改善农民生活

南水北调丹江口库区（淅川县）移土培肥重大工程的实施增加了耕地和高标准农田面积，通过灌溉排水、道路交通等农业基础设施建设优化了农业生产大规模机械化作业和专业化生产运行的环境。这一方面降低了农业生产成本，尤其是人工投入成本，释放了部分农村劳动力，提高农业生产便利程度；另一方面，耕地产出能力提高和经济作物的生产经营增加了农民收入，实现农业投入产出比下降0.16，新增农业总产值达到23455.93万元，人均农业增收6514.8元。通过合并零散地块、规范地块形状，为土地规模化经营、机械化生产创造条件，拓宽了农民收入来源渠道，促进合作社等新型农业生产经营主体的发展壮大，促进耕地流转。大大提高农民生活水平，激发农民生产热情，从而推动农业现代化水平提升，促进地方经济和社会协调发展。

11.2 土地整治重大工程对扶贫开发战略成效评估

本篇以河南省南水北调渠首及沿线土地整治重大工程为例，评价其对扶贫开发战略的促进作用。

11.2.1 案例区重大工程概况

河南省是我国重要的粮食生产大省和商品粮生产基地，粮食总产量连续十多年居全国前列，新增粮食产量占全国增量的1/3以上，对维系国家粮食安全起到了至关重要的作用。国家粮食战略工程规划到2020年净增粮食500亿公斤，河南省规划到2020年确保粮食产量达到650亿公斤，净增粮食生产能力150亿公斤，占全国净增500亿公斤的30%。为确保新增150亿公斤粮食产能和现有耕地保有量不减少的同时，必须实施土地整治重大工程，为此提出设立“河南省南水北调渠首及沿线土地整治重大项目（第一期）”。重大项目的实施，一是可以改善农业基础设施条件，增强农业生产抗灾能力；二是预计可新增耕地21.19万亩，为全国确保18亿亩耕地做出贡献；三是大幅提高粮食产能，预计可新增粮食生产能力5.145亿公斤，为河南省实现净增产粮食150亿公斤的目标做出贡献。

南水北调中线工程丹江口水库河南省境内的库区增加淹没面积21.59万亩，其中淹没耕地合13.1万亩，移民16万多人，全部在省内安置。南水北调中线工程干渠总长度1267千米，河南省境内长度为731千米，占57.69%。库区和渠线合计永久性占用耕地31.2万亩，使河南省耕地占补平衡和耕地总量动态平衡都面临巨大的压力。该项目的实施有利于缓解安置地点耕地资源不足、改善移民安置区基础设施条件，保障移民搬迁后的生活水平不降低，有助于南水北调中线工程移民的和谐迁安和社会稳定，实现移民“搬得出、稳得住、能发展、可致富”的搬迁目标。

项目区是全国粮、棉、油重要产地。邓州市为全国50个商品粮基地县之一；原阳县、延津县、封丘县是我国优质强筋小麦、优质大米、优质花生、优质棉花产区和调出地。但项目区内降水的年际变化大和时空分布不均，干旱、洪涝灾害频繁，加上农业基础设施配套不完善，使农业生产抵御自然灾害的能力不强，粮食产量极不稳定，严重影响到商品粮、棉、油的保障程度，直接影响到国家粮食安全。实施土地整治重大工程，可以增加耕地面积，提高耕地质量，建设高标准基本农田，增强农业生产抵御自然灾害的能力，实现耕地高产稳产，提高和巩固商品粮、棉、油的保障程度。

11.2.2 案例区重大工程对扶贫开发战略成效评估

11.2.2.1 指标值获取与计算

赴河南省项目区实地调研，获取所需数据，在筛选、处理后计算得出以下指标数据，如表 11－8 所示。

表 11－8 河南省南水北调渠首及沿线土地整治重大工程扶贫开发战略成效评价指标测算

成效目标	一级指标	二级指标	指标值	单位	指标类型
促进现代农业发展	基础设施完善	改善和新增灌溉面积/改善和新增农田防涝面积	314.76/313.57	万亩	正
		农田道路通达度增长率	17.56	%	正
		改善和新增机耕面积	312.98	万亩	正
	提升农业产值	新增农业总产值	50722.07	万元	正
		投入产出比减小值	0.13	—	正
	吸引企业	引进农业企业、农业合作社数量	317	个	正
		引进企业投资额	12470.00	万元	正
拉动贫困人口就业	工程建设拉动就业	参与工程建设的农民工人数/农民工临时务工收入	45369/9683.00	人/万元	正
	企业入驻拉动就业	农民工当地就业增加人数	45369	人	正

注：由于在指标体系中，“改善和新增灌溉面积”与“改善和新增农田防涝面积”、“参与工程建设的农民工人数”与“农民工临时务工收入”所代表的含义相近，在设计指标体系之初便将其作为“二选一”或“备选”指标，故而在上表中以“/”相隔，“/”含义为“或”。同时，在确定指标权重时，为保证指标间的独立性，也仅以两者中一项作为代表项纳入（两项的重要性相同），在后续分析中将以另一指标补充。

11.2.2.2 指标权重确定

本篇应用前述层次分析法对各指标赋权。

(1) 二级指标层权重测算结果

二级指标层权重测算结果，如表 11 – 9 所示。

表 11 – 9 基础设施完善各指标权重测算结果

基础设施完善	改善和新增农田防涝面积	农田道路通达度增长率	改善和新增机耕面积	指标权重
改善和新增农田防涝面积	1	3	3	0.60
农田道路通达度增长率	1/3	1	1	0.20
改善和新增机耕面积	1/3	1	1	0.20

在层次单排序一致性检验中，计算可得 $\lambda_{max}=3.0000$，$CI=0.0000$，$RI=0.58$，故 $CR=0.0000<0.1$，通过一致性检验。

“提升农业产值”“吸引企业”两个一级指标下均仅有两个二级指标，故而对其直接赋值（见表 11 – 11）；“工程建设拉动就业”与“企业入驻拉动就业”下均仅有一个二级指标，各赋权为 1。

(2) 一级指标层权重测算结果

一级指标层权重测算结果，如表 11 – 10 所示。

表 11 – 10 促进现代农业发展各指标权重测算结果

促进现代农业发展	基础设施完善	提升农业产值	吸引企业	指标权重
基础设施完善	1	3	1/5	0.1884
提升农业产值	1/3	1	1/7	0.0810
吸引企业	5	7	1	0.7306

在层次单排序一致性检验中，计算可得 $\lambda_{max}=3.0649$，$CI=0.0324$，$RI=0.58$，故 $CR=0.0559<0.1$，通过一致性检验。

“拉动贫困人口就业”成效目标下仅有两个一级指标，可直接赋值（见表 11 – 11）。

(3) 各指标最终赋权结果

由于可用成效目标指标仅有两个，故而对其直接赋值；将各层指标对应做乘法测算，得出各指标最终权重（见表11－11）。

表11－11 各指标最终权重测算结果

成效目标	一级指标	二级指标	指标权重	指标值	指标单位	指标类型
促进现代农业发展（0.7）	基础设施完善（0.1884）	改善和新增灌溉面积/改善和新增农田防涝面积（0.6）	0.0791	314.76/313.57	万亩	正
		农田道路通达度增长率（0.2）	0.0264	17.56	%	正
		改善和新增机耕面积（0.2）	0.0264	312.98	万亩	正
	提升农业产值（0.0810）	新增农业总产值（0.5）	0.0284	50722.07	万元	正
		投入产出比减小值（0.5）	0.0284	0.13	—	正
	吸引企业（0.7306）	引进农业企业、农业合作社数量（0.5）	0.2557	317	个	正
		引进企业投资额（0.5）	0.2557	12470.00	万元	正
拉动贫困人口就业（0.3）	工程建设拉动就业（0.3）	参与工程建设的农民工人数/农民工临时务工收入（1）	0.0900	45369/9683.00	人/万元	正
	企业入驻拉动就业（0.7）	农民工当地就业增加人数（1）	0.2100	45369	人	正

11.2.2.3 成效评估结果及因子分析

通过对数据的收集与处理，笔者发现，河南省南水北调渠首及沿线土地整治重大工程通过促进现代农业发展、拉动贫困人口就业两条途径推动扶贫开发战略的发展。

(1) 促进了现代农业发展

① 改善了农业生产的基础设施:

首先,完善了农田水利设施。该重大工程为促进设施农业健康有序推进,稳步提升粮食产能,适应现代化大农业发展需求,实现粮食高产稳产,通过规范工程建设,改善了项目区的生产条件。工程着眼于农田水利设施建设,使得项目区灌、排渠(管)道建设情况得到改善,并完善配套排水系统,保证排水顺畅;其修建桥涵,优化机电井、输配水渠道系统,有效提高灌溉保证率和灌溉水质量。截至该工程竣工,改善灌溉面积207.11万亩,新增灌溉面积107.65万亩,共计314.76亩。项目区内灌溉、排水等问题得到有效解决,农田排水标准显著提高,抗御旱涝灾害能力有所增强;改善了农业生产条件,逐步实现了输水管道化、渠道防渗化。并且,改善和新增农田防涝面积313.57万亩,因地制宜开展以抗旱工程为主体,防涝工程为辅助的区域整治,提高了项目区保土、蓄水能力,做到灌溉有保证水源,排水有出路,防洪安全有保障,建成了旱涝保收的基本农田,减轻了旱灾对粮食生产安全的影响,在提高农田抗灾能力的同时,稳定了粮食产能,梯田、水浇地面积都有较大增加。

其次,改善了农田道路。田间道路是农村道路网的延伸,是沟通田块之间的道路,直接关系到农民的日常生产生活,田间道路布局在考虑微地形地貌、自然灾害、农田景观保护与美化的条件下,与主干道路乡村等级公路、国道、省道、耕作田块、居民点空间分布格局相得益彰,并结合耕作、生活生产方式,因地制宜、就地取材进行布设,减少占用耕地,方便群众生产生活。该重大工程通过建设,提高了田间道路质量与标准,使农田作业道路建设配套,完善了田间道路系统,有效地改善了项目区内部及对外交通条件,农田道路通达度达到98.28%,较之前增长了17.56%,满足了农业机械耕作的要求,大力促进了农业生产条件的改善。

最后,提升了农机水平。为适应农业机械化耕作的要求,该重大工程通过对农田的整治、改造,改善或消除相关限制性因素,使劳动力成本进一步降低，生产效率进一步提高，有力地促进了机械化耕作，充分发挥农机抢农时、省劳力、增效益的作用，截至竣工，该重大工程新增和改善机耕地面积 312.98 万亩，大力推进了农业机械化的发展。

② 提升了农业产值：

重大工程实施后耕地细碎率的降低、灌溉与排水效率的提高和田间路网的完善，为农业生产大规模机械化作业和专业化生产打下坚实基础。一方面降低了农业生产成本，尤其是人工投入成本，解放了农村劳动力；另一方面开展多种经营，增加了农民收入，实现农业投入产出比降低 0.13，新增农业总产值达到 50722.07 万元。整治后的项目区耕地受到农业企业、种粮大户高度关注，有力促进了当地土地流转和农业产业结构升级。经统计，项目区共实现土地流转面积 37.32 万亩，其中签订土地流转协议的占流转总面积的 80%，农业企业、种粮大户开展规模经营的耕地总面积达到 31.84 万亩。流转后的土地除部分由种粮大户承包用于粮食生产外，多数都由专业蔬菜、瓜果、药材等专业种植企业、大户用于从事高附加值专业化农业生产，甚至有些开展多种经营方式，促进农业生产提升。

③ 吸引了企业的入驻与投资：

为民造福、切实改善农民生活水平是实施重大工程建设的重要目的之一。只有农民生活水平提高了，才能从根本上激发农民生产的热情。促进项目区土地流转、增加农民财产性收入。该重大工程通过合并零散地块、规范地块形状，为土地规模化经营、机械化生产创造条件，促进合作社等新型农业生产经营主体的发展壮大，促进耕地流转，增加农民财产性收入。截至工程竣工，共引进农企合作社数量 317 个，新增投资额高达 12470 万元。如此，重大工程建设不仅增加了农业产值和农民收入，而且带动地方中小企业增收，增加了地方收入，拉动社会消费水平与税收增长。而引进农业企业、农业合作社数量及引进企业投资额对“扶贫开发”战略的实施起到尤为突出的促进作用，两者均占总促进作用的 25% 以上，而企业入驻后通过拉动就业对“扶贫开发”战略起到的促进作用占总促进作用的21%，由此可见，对于贫困地区，若想通过重大工程建设或土地整治改善地区贫困现状，应大力引进新的企业与合作社，并对现有中小企业进行扶持。

（2）拉动了贫困人口就业

土地整治项目建设不仅是为民造福、切实改善农民生活水平的重要手段，也是促进社会协调发展的有力抓手。通过重大工程实施，受益人数众多，增加了当地就业机会。通过该重大工程的土地整治项目的建设，农民工当地就业人数增加了4.54万人，农民工临时务工收入达9683万元，人均2134元（此为临时务工收入，务工时间可能较短，也可能较长，农民工日均工资因工种差异而有所不同，介于80~260元之间）。

项目实施后，耕地面积增加，农业产业结构的调整可为项目区内农村剩余劳动力提供就业机会。而随着农业企业进入，农村合作社的建立，农民工回流增加，农民工当地就业人数为45369人，如此对农村环境发展起到极大促进作用，使农民满意度达到99.55%，真正做到了民生工程得民心。

11.3　土地整治重大工程对乡村振兴战略成效评估

11.3.1　案例区重大工程概况

洞庭湖位于长江中游荆江河段两岸，湖南北部和湖北南部，是我国第二大淡水湖、长江重要的调蓄湖泊和国际重要湿地。环洞庭湖地形主要以平原为主，局部地区为低山丘陵地貌，气候属亚热带季风气候，光能充足，热量丰富，雨水充沛，是我国重要的商品粮、棉基地，素有“鱼米之乡”和“天下粮仓”的美誉，担负着长江流域生态安全、水安全和国家粮食安全的重大责任。洞庭湖区范围在湖南境内主要涉及岳阳、常德、益阳三市和长沙市望城区，共25个县市区，总面积4.53万平方公里，常住人口1389.44万人，占全省总人口的21.96%。

环洞庭湖基本农田建设重大工程为国家土地整治重大工程项目，其中环洞庭湖基本农田建设重大工程（第一期）（以下所称“重大工程”均指第一期）于2009年3月经省人民政府《关于环洞庭湖基本农田建设重大工程立项的批复》（湘政函〔2009〕56号）批复立项，自然资源部、财政部2010年5月通过《关于支持湖南省实施洞庭湖区基本农田建设重大工程的函》（国土资函〔2010〕301号）同意支持实施，涉及岳阳市、常德市和益阳市18个县市区（管委会），批复的建设总规模309.15万亩，新增优质耕地24万亩，投资估算65.54亿元。

11.3.2 案例区重大工程对乡村振兴战略成效评估

11.3.2.1 指标数据获取与计算

指标数据的获取与计算如表11－12所示。

表11－12 土地整治重大工程促进乡村振兴战略实施评价体系

成效目标	一级指标	二级指标	单位	数值	指标类型
产业兴旺	提高耕地面积和粮食产能	新增耕地面积	万亩	24.1	正
		新增粮食产能	吨	—	正
		高标准农田面积增长率	%	8.94	正
	改善农业生产条件	改善和新增灌溉面积	万亩	167.21	正
		农田道路通达度增长率	%	—	正
		改善和新增机耕面积	万亩	208.21	正
		改善和新增农田防涝面积	万亩	181.86	正
	增加农业产值	新增农业总产值	万元	106272.22	正
		投入产出比减小值	—	0.15	正
		土地流转面积	万亩	90.87	正

续表

成效目标	一级指标	二级指标	单位	数值	指标类型
治理有效	优化土地利用结构	土地利用率提高值	%	7.46	正
		废弃地、沙漠沙化地、废弃居民点、未利用地治理总面积	万亩	3.38	正
		绿色植被覆盖率提高程度	%	90.13	正
	建设美丽乡村	路网密度增长率	%	16.5	正
		促进乡村旅游发展	个	78	正
		改善村庄卫生条件	个	932	正
		优化村庄交通条件	个	946	正

11.3.2.2　指标权重确定

本篇应用前述层次分析法对各指标赋权。

(1) 指标层权重测算结果

指标层权重测算结果，如表 11－13、表 11－14、表 11－15、表 11－16 和表 11－17 所示。

表 11－13　提高耕地面积和粮食产能各指标权重测算结果

提高耕地面积和粮食产能	新增耕地面积	新增粮食产量	高标准农田面积增长率	指标权重
新增耕地面积	1	1/3	1/2	0.16
新增粮食产量	3	1	2	0.54
高标准农田面积增长率	2	1/2	1	0.30

在层次单排序一致性检验中，计算可得 $\lambda_{max} = 3.0092$，$CI = 0.0046$，$RI = 0.52$，故 $CR = 0.0089 < 0.1$，通过一致性检验。

表 11－14 改善农业生产条件各指标权重测算结果

改善农业生产条件	改善和新增灌溉面积	农田道路通达度增长率	改善和新增机耕面积	改善和新增农田防涝面积	指标权重
改善和新增灌溉面积	1	3	1	3	0.37
农田道路通达度增长率	1/3	1	1/3	2	0.15
改善和新增机耕面积	1	3	1	3	0.37
改善和新增农田防涝面积	1/3	1/2	1/3	1	0.11

在层次单排序一致性检验中，计算可得 $\lambda_{max}=4.0604$，$CI=0.0201$，$RI=0.89$，故 $CR=0.0226<0.1$，通过一致性检验。

表 11－15 增加农业产值各指标权重测算结果

增加农业产值	新增农业总产值	投入产出比减小值	土地流转面积	指标权重
新增农业总产值	1	3	2	0.54
投入产出比减小值	1/3	1	1/2	0.16
土地流转面积	1/2	2	1	0.30

在层次单排序一致性检验中，计算可得 $\lambda_{max}=3.0092$，$CI=0.0046$，$RI=0.52$，故 $CR=0.0089<0.1$，通过一致性检验。

表 11－16 优化土地利用结构各指标权重测算结果

优化土地利用结构	土地利用率提高值	废弃地、沙漠沙化地、废弃居民点、未利用地治理总面积	绿色植被覆盖率提高程度	指标权重
土地利用率提高值	1	5	2	0.60
废弃地、沙漠沙化地、废弃居民点、未利用地治理总面积	1/5	1	1/2	0.13
绿色植被覆盖率提高程度	1/2	2	1	0.28

在层次单排序一致性检验中，计算可得 $\lambda_{max}=3.0055$，$CI=0.0028$，$RI=0.52$，故 $CR=0.0054<0.1$，通过一致性检验。

表 11 - 17　建设美丽乡村各指标权重测算结果

建设美丽乡村	路网密度增长率	促进乡村旅游发展	改善村庄卫生条件	优化村庄交通条件	指标权重
路网密度增长率	1	3	1/5	1/5	0.11
促进乡村旅游发展	1/3	1	1/4	1/6	0.06
改善村庄卫生条件	5	4	1	1/2	0.32
优化村庄交通条件	5	6	2	1	0.51

在层次单排序一致性检验中，计算可得 $\lambda_{max}=4.2006$，$CI=0.0668$，$RI=0.89$，故 $CR=0.0751<0.1$，通过一致性检验。

（2）次准则层与准则层权重测算结果

次准则层与准则层权重测算结果，如表 11 - 18、表 11 - 19、表 11 - 20 所示。

表 11 - 18　产业兴旺各权重测算结果

产业兴旺	提高耕地面积和粮食产能	改善农业生产条件	增加农业产值	指标权重
提高耕地面积和粮食产能	1	3	2	0.49
改善农业生产条件	1/3	1	1/2	0.20
增加农业产值	1/2	2	1	0.31

在层次单排序一致性检验中，计算可得 $\lambda_{max}=3.0092$，$CI=0.0046$，$RI=0.52$，故 $CR=0.0089<0.1$，通过一致性检验。

表 11 - 19　治理有效各权重测算结果

治理有效	优化土地利用结构	建设美丽乡村	指标权重
优化土地利用结构	1	2	0.67
建设美丽乡村	1/2	1	0.33

在层次单排序一致性检验中，计算可得 $\lambda_{max}=2.0000$，$CI=0.0000$，$RI=0.52$，故 $CR=0.0000<0.1$，通过一致性检验。

表 11－20 准则层各权重测算结果

准则层	产业兴旺	治理有效	指标权重
产业兴旺	1	1	0.50
治理有效	1	1	0.50

在层次单排序一致性检验中，计算可得 $\lambda_{max}=2.0000$，$CI=0.0000$，$RI=0.52$，故 $CR=0.0000<0.1$，通过一致性检验。

（3）各指标最终赋权结果

将各指标的指标层权重与对应的准则层权重相乘，测算得出各指标最终权重（见表 11－21）。

表 11－21 各指标最终权重测算结果

成效目标	一级指标	二级指标	权重
产业兴旺 0.5	提高耕地面积和粮食产能 0.49	新增耕地面积 0.16	0.039
		新增粮食产能 0.54	0.132
		高标准农田面积增长率 0.3	0.074
	改善农业生产条件 0.20	改善和新增灌溉面积 0.37	0.091
		农田道路通达度增长率 0.15	0.015
		改善和新增机耕面积 0.37	0.037
		改善和新增农田防涝面积 0.11	0.011
	增加农业产值 0.31	新增农业总产值 0.54	0.084
		投入产出比减小值 0.16	0.025
		土地流转面积 0.30	0.047
治理有效 0.5	优化土地利用结构 0.67	土地利用率提高值 0.6	0.201
		废弃地、沙漠沙化地、废弃居民点、未利用地治理总面积 0.12	0.044
		绿色植被覆盖率提高程度 0.28	0.094
	建设美丽乡村 0.33	路网密度增长率 0.11	0.018
		促进乡村旅游发展 0.06	0.010
		改善村庄卫生条件 0.32	0.053
		优化村庄交通条件 0.51	0.084

在层次总排序一致性检验中，计算可得 $CI=0.0046$，$RI=0.52$，

故 $CR=0.0089<0.1$，通过一致性检验。

11.3.2.3 成效评估结果及因子分析

（1）重大工程建设助力乡村振兴之产业兴旺

① 提高耕地面积和粮食产能：

第一，提高耕地总面积和质量。全国18亿亩耕地是一道不可逾越的红线，根据湖南“十三五”国土资源发展规划，湖南耕地保护红线为397.07万公顷，即5956万亩，随着湖南工业化、城镇化的快速发展，因建设占用、生态退耕、自然灾毁等因素导致耕地减少情况普遍，耕地保护压力很大。除建设占用耕地可通过占补平衡解决外，生态退耕、自然灾毁减少的耕地必须通过其他方式进行总量动态平衡。重大工程通过对项目区内其他草地、垸内滩涂、废弃及低效园地、到砍伐期的用材林、废弃的宅基地等土地开发和复垦，共新增优质耕地面积24.10万亩，有效缓解了湖南耕地保护压力，为确保全省耕地总量动态平衡和占补平衡做出了突出贡献。项目竣工后，平整归并田块面积55.47万亩，旱地改造成水田面积17.56万亩，新增水浇地面积0.19万亩。经耕地质量等级评定，项目区87个子项目平均耕地质量等级提高了1.05等。

第二，提高粮食产能。环洞庭湖区集中了湖南省近30%的耕地和基本农田，有9个国家现代农业示范区、6个国家高标准农田建设示范县、4个国家产粮大县、2个国家基本农田保护示范区、1个国家土地开发整治示范区，是我国特大型商品粮基地和湖南输出粮食的主要生产基地。近年来，由于区内灌排系统等农业生产基础设施老化，给现代农业发展带来不利影响，直接影响湖南粮食产量。项目实施过程中，通过对中低产田改造，完善农田灌排设施，优化生产道路布网，粮食生产便捷度得到加强，粮食生产能力得到较大提升。项目区共建成高标准农田272.24万亩，平均每年可新增粮食产能达36.75万吨。2016年湖南省粮食总产量为2953万吨，项目建设新增粮食产能对全省全年粮食产能的贡献率达1.24%，对保障全省粮食产能做出突出贡献。如湘阴县项目区为该县粮食产能核心区，项目建设过程中该县连年实现稳产增产，该县多次被评为“全国粮食生产先进县”。

有关环洞庭湖基本农田建设重大工程增强资源保障能力的情况，如表 11－22 所示。

表 11－22 环洞庭湖基本农田建设重大工程增强资源保障能力情况

指标	单位	总体成效
建设总规模	万亩	310. 82
新增优质耕地面积	万亩	24. 10
建成高标准农田面积	万亩	272. 24
耕地质量等级提高值	等	1. 05
新增粮食产能	万吨	36. 75

②改善农业生产条件：

第一，降低耕地细碎率。在全省启动家庭承包经营制分田过程中，将不同位置、不同肥力的耕地通过肥瘦搭配给各户，这种分配方式兼顾了公平，但也造成各户承包地分散，不适应家庭集中生产，更不适合大规模集约化农业生产。重大工程建设过程中，通过实施土地平整工程等工程措施，在保留原有耕地面积不变的情况下，将零星分布、条块分割、高低不平的耕地进行归并平整，建成相对集中成片、田块大小面积相对均衡的耕地，使“小块变大块、角田变方田”，田块细碎率大幅降低，有力促进了土地流转和农业规模经营。如岳阳市君山区钱粮湖镇项目实施前，岳阳市泰和集团与当地村组、农户签订了 3000 亩的土地流转协议，建立马颈河绿色蔬菜种植基地，项目实施过程中充分考虑用地需求，适度归并田块，方便基地建设。项目实施前流转区田块数为 4000 余块，平均每个田块 0. 75 亩；实施土地整治项目后，平整区田块数降至 1153 块，平均每个田块 2. 6 亩，田块细碎率降低 71%。平整后户均耕种地块大幅减少，降低了农业生产强度，提高了生产效率，更加方便农业大规模机械化生产。经测算重大工程项目实施后洞庭湖区平整区耕地细碎率平均降低近50%。

第二，改善农田灌排条件。环湖重大工程项目区水资源丰富，地势平缓，由于近年来，项目区部分耕地灌排水利设施老化，年久失修，淤塞严重，丧失了灌排功能；部分耕地原有基础设施投入不够，灌排条件差，严重影响作物产量，增加劳动成本。重大工程建设中，为实现“旱好灌、涝好排”目标，大力修建塘堰等水源工程、干支斗农渠（沟）等沟渠工程、涵闸机埠等附属设施，项目区灌排条件得到较大改善，灌排效率明显提高，项目区耕地抗旱抗涝能力明显增强，项目区内部分低洼地积涝严重问题得到彻底解决，为旱地改造水田、增加水浇地奠定坚实基础。如湘阴县白泥湖乡通过项目建设，彻底解决了项目区内部分易淹土地的排涝、防洪问题，使其抵御洪涝灾害能力明显加强，原易淹土地变成了稳定高产的优质良田，白泥湖乡也变成湘阴县产粮先进乡，乡内各类农业生产合作社发展迅猛。经统计，重大工程共新增和改善农田防涝面积达181.86万亩，新增和改善节水灌溉面积167.21万亩。

第三，改善田间交通条件。农业大规模机械化生产离不开配套完善的田间生产道路网络。重大工程通过田间道路建设，以骨干通村公路为路网基础，改善项目区对外交通条件，建立相对完善的田间生产网络，尽量满足各个田块机械进得来、产品运得出，兼顾项目区通村通组交通和村民出行需要。经统计，重大工程区域累计完成各类田间道路建设1.81万千米，农桥1.65万座，实现了村级道路到地块的无障碍联通，总体田间道路通达度达到93.83%，有效改善了项目区内交通状况，为项目区农业机械化水平提升创造了非常有利条件。

有关环洞庭湖基本农田建设重大工程促进现代农业发展的情况（1），如表11－23所示。

表 11-23　环洞庭湖基本农田建设重大工程促进现代农业发展情况（1）

指标	单位	总体成效
田间道路通达度	%	93.83
新增和改善灌溉面积	万亩	167.21
新增和改善农田防涝面积	万亩	181.86

③ 增加农业产值：

第一，引领农业向集约化规模化发展。整治后的项目区，田块规整，沟渠配套，田间及对外交通便利，成为各乡镇村发展现代农业的最佳区域。在各级政府积极引导和各村组通力配合下，掀起土地流转和规模化生产高潮。竣工后项目区累计流转土地 90.87 万亩，农业企业和种粮大户用地规模 96.18 万亩。大通湖区在土地流转方面，总结出四种推进农村土地流转模式："价格联动模式"——农村土地收益金随市场保值增值；"溢价返还模式"——委托土地流转服务中心低价收购经营权，流转给第三方后溢价返还；"总价出让模式"——委托土地流转服务中心公开竞价出让；"专业合作模式"——引导专业合作社进行规模化集中经营。

第二，促进产业结构调整升级。整治后，项目区涉及乡镇根据区位优势、种植结构差异，在土地流转、专业合作生产等基础上，对产业结构进行了优化升级，打造了一批代表各乡镇先进水平、引领未来农业发展方向的优势产业。赫山区八字哨镇、君山区钱粮湖镇引进专业农业企业，打造蔬菜、养殖基地；鼎城区十美堂镇通过打造油菜基地，举办油菜花节，将项目区和周边景点整合，打造乡村精品旅游产业，以项目为平台促进第一产业、第二产业、第三产业融合发展；西湖管理区通过建立国家现代农业示范区，打造现代农业公园，建设"一镇六园百场"，即西湖牧业小镇，水稻示范园、精品水果园、生态蔬菜园、名贵水产园、芦笋产业园、星创之家科技园，以及 100 个家庭农场；西洞庭管理区通过建立国家现代农业示范区，将清水塘蔬菜、毡帽湖村蔬菜打造成市级"标准化示范合作社基地"，将 6 个朝鲜蓟种植高产示范片建成全国最大的朝鲜蓟生产加工基地，构建了农业生产、经济发展融为一体的现代农业发展体系；大通湖区、湘阴县通过专业合作社、种粮大户，进行订单生产，将项目区打造成省内知名品牌粮食生产基地。

第三，为大规模机械化生产创造条件。项目区建成的配套完善交通网络为大规模机械化农业生产打下坚实基础，使项目区内208.21万亩耕地机耕条件得到大幅提升，各县相继成立各类农机合作社，助推县域农业机械化生产水平的全面提高。大通湖区为大力发展粮食生产全程机械化，围绕实现“机耕、机育、机插、机防、机收、机运、机烘”目标，先后出台并实施《双季稻生产全程机械化示范建设方案》和《双季稻全程机械化增产模式攻关示范方案》，围绕“双季、双超级稻、双机插、双过600公斤”目标，主攻增产高产模式和机械集成配套技术，水稻、玉米两大作物生产全程机械化工作被省政府向全省推介，并在2017年1月被评为湖南粮油生产全程机械化示范农垦管理区；湘阴县提高粮食稳产增产也离不开机械化生产水平的不断提升，全县机耕机插机收综合机械化水平达75%，项目区涉及的白泥湖乡鸿昌农业生态种植农业合作社和鹤龙湖镇鸿运农机服务专业合作社的浸种、播种、机插、机收全过程均实现了机械化；屈原管理区项目建设期间农机化综合水平已达95%以上，水稻机耕、机收、机运程度均达100%，2015年4月，农业部在湖南组织召开全国水稻生产全程机械化暨水稻生产绿色攻关模式现场会时，专家表示“屈原现代农业是国家级水平”。

有关环洞庭湖基本农田建设重大工程促进现代农业发展情况（2），如表11－24所示。

表11－24　环洞庭湖基本农田建设重大工程促进现代农业发展情况（2）

指标	单位	总体成效
新增和改善机耕面积	万亩	208.21
土地流转面积	万亩	90.87
农业企业、种粮大户生产用地规模	万亩	96.18

通过实施重大工程项目，田间基础设施体系得以完善，农田灌排水效率显著提升，为农业生产大规模机械化作业、专业化生产打下坚实基础，有效减少了农业生产成本，为农业企业、种粮大户开展适度规模经营提供了有力保障。项目实施后涌现出了一大批企业对项目区进行土地流转，流转后部分由种粮大户承包用于粮食生产，部分由专业蔬菜、瓜果、药材等专业种植企业、大户用于从事高附加值专业化农业生产。重大工程项目建设共新增农业总产值 10.63 亿元，投入产出比减小值 0.15，项目区共实现土地流转面积 90.87 万亩，农业企业、种粮大户开展规模经营的耕地总面积达到 96.18 万亩。

（2）重大工程建设助力乡村振兴之治理有效

① 优化土地利用结构：

第一，提高土地利用率。项目建设过程中，通过土地平整、灌溉与排水、田间道路及农田防护等工程措施，将项目区废弃地 0.02 万亩、废弃居民点 0.31 万亩、未利用地 3.07 万亩、低效农用地（低效园地、林地等）20.77 万亩改造成耕地和农田基础设施用地，各类土地布局得到优化，田块更加规整集中，基础设施布局更加紧凑，部分种植难度大、种植成本高的中低产田变成适宜大规模机械作业、种植成本相对较低的高标准农田，与周围的高产稳产农田融为一体，部分接近农村居民点的土地还根据群众需要修筑了景观设施、晾晒场兼村民活动广场。

有关环洞庭湖基本农田建设重大工程节约集约利用资源的情况，如表 11－25 所示。

表 11－25　环洞庭湖基本农田建设重大工程节约集约利用资源情况

指标	单位	总体成效
土地利用率提高值	%	7.46
废弃地治理面积	万亩	0.02
废弃居民点治理面积	万亩	0.31
未利用地治理面积	万亩	3.07
低效农用地改造面积	万亩	20.77
亩均节水量	立方米/亩	82.48

续表

指标	单位	总体成效
灌溉水利用系数提高值	—	0.14
年均灌溉节水量	万立方米	14484.17

第二，提升防灾减灾能力。项目区在建设过程中，根据项目区自然灾害的特点，制订农田防护工程方案，明确工程类型、布局和建设标准，通过岸坡防护工程、田坎防护工程、坡面防护工程等农田防护工程建设，大幅提高了项目区农田的防洪、防护能力。经统计，修筑护堤5.51千米、护岸6.36千米、护坎5.85千米、田坎挡墙4.5千米、排洪沟10.10千米。工程建设后新增农田防护林面积0.31万亩，水土流失治理面积8.53万亩，新增和改善农田防涝面积79.67万亩（见表11－26）。2017年湖南省经受了历史罕见的特大洪灾，重大工程项目区安全度汛，没有发生大的内涝灾害，在减灾防灾上发挥了关键作用。

表11－26　环洞庭湖基本农田建设改善农田生态环境

指标	单位	总体成效
绿色植被覆盖率	%	90.13
护坡长度	千米	26.90
荒滩与荒草地开发利用面积	万亩	2.80
新增农田防护林面积	万亩	0.31
水土流失治理面积	万亩	8.53
新增和改善农田防涝面积	万亩	79.67
钉螺治理面积	万亩	31.37

第三，提高水资源利用率。通过优化田间沟渠布局，重新规划水源、灌溉与排水体系，使原分散落后的灌溉方式得到一定改善，水资源利用效率明显提高，灌溉成本明显降低。主要工程措施包括：通过修筑塘堰、提水机埠，保证项目区农田充足的水源供应；通过对灌溉渠道进行硬化，提高了灌溉水流速和灌溉效率，降低了渠道渗漏造成的水资源损耗。项目建成后，修筑各类塘堰1594座，项目

区亩均节水量 82.48 立方米/亩，年均灌溉节水量 14484.17 万立方米，农田灌溉水利用系数提高值 0.14。

② 建设美丽乡村：

第一，推动地方经济发展。据初步统计，通过项目建设，改善项目区农业发展环境，共引进农业企业和农业合作社 552 家，共吸引企业投资约 5.22 亿元，其中经营 500 ~ 1000 亩的企业 28 家，经营 1000 亩及以上的企业 16 家。沅江市天艺蔬菜种植专业合作社位于沅江市黄茅洲镇志成垸村，流转土地面积 1650 亩，2016 年生产销售稻谷、蔬菜产品达 4300 吨，创产值 1720 万元，合作社运作以来解决剩余劳动力就业 100 余人，参与生产的农户年均收入在 1.5 万元以上，创造效益 150 余万元，解决当地贫困户就业脱贫 20 余人。大通湖区 4 个试点镇通过集中 1.7 万亩耕地进行招商，成功引进湖南乡土农业发展有限公司、珠海艺景投资有限公司种植蔬菜，土地信托流转 7000 余亩。通过项目的实施，共增加勘测、设计、预算、招标、施工、监理等中小企业收入约 8.67 亿元；通过竣工结算资料统计，各种材料消耗费共计约 16.53 亿元，机械台班费约 3.87 亿元，项目建设过程中增加地方税收约 1.47 亿元。

有关环洞庭湖基本农田建设重大工程推动地方经济发展情况，见表 11 – 27。

表 11 – 27　环洞庭湖基本农田建设重大工程推动地方经济发展情况

指标	单位	总体成效
农民人均农业增收额	元/人	1000.02
农民临时务工收入	万元	108873.93
土地流转收益增加额	元/亩	319.45
农民工当地就业人数	人	48801
增加中小企业收入	万元	86662.10
企业投资额	万元	52240.48
引进农业企业、农业合作社数量	家	552
材料消耗费	万元	165307.08
机械台班费	万元	38686.66
增加地方税收	万元	14687.74

第二，建设美丽乡村景观。重大工程项目建设，在完善田间基础设施的同时，也对各村庄交通、排水、卫生设施进行了适度改善，美化了村居环境。田间基础设施的完善为各村和乡镇发展乡村旅游、打造美丽乡村打下坚实基础。重大工程项目建设共为村屯内硬化道路 2878.53 千米，修建、改建排水沟 13372.13 千米，通过土地整治促进乡村旅游发展的村庄 78 个，卫生条件明显改善的村庄 932 个，交通条件明显改善的村庄 946 个。鼎城区十美堂镇充分利用重大工程建成的基础设施，种植油菜花 2 万多亩，结合鸟儿洲国家湿地公园，发展乡村旅游，多次举办了油菜花节，通过乡村旅游促进美丽乡村建设，带动该镇经济快速发展。

11.4 土地整治重大工程对生态文明战略成效评估——典型案例研究

11.4.1 案例区重大工程概况

甘肃东部地区是该省农业主要生产区之一，农村区域广、农产品种类多、产量高、品质优是该区域主要的农业生产特点，盛产小麦、玉米、油料、小米等粮食作物和红富士苹果、曹杏、九龙金枣、黄花菜等优质农产品，产出地被评为全国“优质苹果之乡”“黄花菜之乡”“小杂粮之乡”和“中国杏乡”。但是，该区域属于典型的黄土丘陵沟壑区，水土流失问题严重，生态环境脆弱。虽耕地面积大，但承载能力低，多为旱作坡耕地。长期以来，受自然因素制约，这一区域大部分为中低产田，坡旱地亩产只有百斤左右，土地贫瘠、生产力低下。多年来，甘肃省在梯田化建设、水土保持小流域治理、中低产田改造建设等方面做出了很多努力，但由于财力有限，土地综合整治投入严重不足，致使农业生产仍然在低而不稳的水平上徘徊，农民无法摆脱靠天吃饭的困境。

2013年11月，在自然资源部、财政部的大力支持下，甘肃东部百万亩土地整治重大工程正式启动，项目涉及庆阳、平凉、天水、定西4个市，包括西峰区、庆城县、宁县、正宁县、合水县、华池县、镇原县、环县、崆峒区、泾川县、崇信县、庄浪县、静宁县、麦积区、清水县、秦安县、甘谷县、武山县、安定区、通渭县、临洮县、渭源县22个县（区）、70个乡镇，共计96个子项目。所有项目都位于黄土高原丘陵区，属于丘陵地貌。其中庆阳、天水项目片区子项目以产能提高型为主，平凉、定西片区为节水增地型和产能提高型。

11.4.2 案例区重大工程对生态文明战略成效评估

11.4.2.1 指标值获取与计算

基于前文指标体系构建与核心指标选择方法，经多方考量，对准则层、次准则层、指标层进行反复设计，并通过设计《指标体系专家打分表》，邀请相关领域学者为指标打分，经过不断完善后，从众多指标中遴选出3个土地整治重大工程对生态文明战略实施成效目标，6个实施成效评价一级指标，22个实施成效评价二级指标。指标体系如表11－28所示。

表11－28 土地整治重大工程促进生态文明战略实施评价体系

成效目标	一级指标	二级指标	指标值	单位	指标类型
生态经济	增加农业产出	新增农业总产值	26127.86	万元	正
		投入产出比减小值	0.11	—	负
		土地流转面积	12.39	万亩	正
	增加地方收入	增加税收	11765.41	万元	正
		引进企业投资额	3746.37	万元	正
		引进农业企业、农业合作社数量	575	个	正

续表

成效目标	一级指标	二级指标	指标值	单位	指标类型
生态生活	生活质量改善情况	农民满意度	96.56	%	正
		生态移民数量	0	人	正
		农民人均年增收额	585.64	元/年·人	正
		贫困人口减少数量	42163	人	正
	乡村基础设施改善	村屯道路硬化	976.76	千米	正
		新（改）建排污沟	2274.24	千米	正
		促进乡村旅游发展	0	个	正
		改善村庄卫生条件	390	个	正
		优化村庄交通条件	390	个	正
生态环境	环境友好情况	绿色植被覆盖率提高程度	6.28	%	正
		废弃地、沙漠沙化地、废弃居民点、未利用地治理总面积	321.73	万亩	正
		新增农田防护林面积	1.98	万亩	正
		水土流失治理面积	185.39	万亩	正
	资源节约情况	亩均节水量	0.00	立方米/亩	正
		年均灌溉节水量	0.00	万立方米	正
		土地利用率提高值	3.79	%	正

11.4.2.2 指标权重确定

本篇应用前述层次分析法对各指标赋权。

（1）二级指标层权重测算结果

二级指标层权重测算结果，如表 11 – 29、表 11 – 30、表 11 – 31、表 11 – 32、表 11 – 33 和表 11 – 34 所示。

表 11 – 29　增加农业产出各指标权重测算结果

增加农业产出	新增农业总产值	投入产出比减小值	土地流转面积	指标权重
新增农业总产值	1	3	3	0.60
投入产出比减小值	1/3	1	1	0.20
土地流转面积	1/3	1	1	0.20

在层次单排序一致性检验中，计算可得 $\lambda_{max}=3.0000$，$CI=0.0000$，$RI=0.58$，故 $CR=0.0000<0.1$，通过一致性检验。

表 11－30 增加地方收入各指标权重测算结果

增加地方收入	增加税收	引进企业投资额	引进农业企业、农业合作社数量	指标权重
增加税收	1	5	2	0.60
引进企业投资额	1/5	1	1/2	0.13
引进农业企业、农业合作社数量	1/2	2	1	0.27

在层次单排序一致性检验中，计算可得 $\lambda_{max}=3.0055$，$CI=0.0028$，$RI=0.58$，故 $CR=0.0048<0.1$，通过一致性检验。

表 11－31 生活质量改善情况各指标权重测算结果

生活质量改善情况	农民满意度	生态移民数量	农民人均年增收额	贫困人口减少数量	指标权重
农民满意度	1	3	1/3	1/3	0.15
生态移民数量	1/3	1	1/5	1/5	0.07
农民人均年增收额	3	5	1	1	0.39
贫困人口减少数量	3	5	1	1	0.39

在层次单排序一致性检验中，计算可得 $\lambda_{max}=4.0435$，$CI=0.0145$，$RI=0.90$，故 $CR=0.0161<0.1$，通过一致性检验。

表 11－32 乡村基础设施改善各指标权重测算结果

乡村基础设施改善	村屯道路硬化	新（改）建排污沟	促进乡村旅游发展	改善村庄卫生条件	优化村庄交通条件	指标权重
村屯道路硬化	1	3	1/5	1/5	1/7	0.06
新（改）建排污沟	1/3	1	1/7	1/7	1/9	0.03
促进乡村旅游发展	5	7	1	1/2	1/3	0.18
改善村庄卫生条件	5	7	2	1	1/3	0.24
优化村庄交通条件	7	9	3	3	1	0.49

在层次单排序一致性检验中，计算可得 $\lambda_{max}=5.2408$，$CI=0.0602$，$RI=1.12$，故 $CR=0.0538<0.1$，通过一致性检验。

表 11－33　环境友好情况各指标权重测算结果

环境友好情况	绿色植被覆盖率提高程度	废弃地、沙漠沙化地、废弃居民点、未利用地治理总面积	新增农田防护林面积	水土流失治理面积	指标权重
绿色植被覆盖率提高程度	1	3	1/5	1/5	0.11
废弃地、沙漠沙化地、废弃居民点、未利用地治理总面积	1/3	1	1/4	1/6	0.06
新增农田防护林面积	5	4	1	1/2	0.32
水土流失治理面积	5	6	2	1	0.51

在层次单排序一致性检验中，计算可得 $\lambda_{max}=4.2006$，$CI=0.0668$，$RI=0.90$，故 $CR=0.0742<0.1$，通过一致性检验。

表 11－34　资源节约情况各指标权重测算结果

资源节约情况	亩均节水量	年均灌溉节水量	土地利用率提高值	指标权重
亩均节水量	1	3	2	0.54
年均灌溉节水量	1/3	1	1/2	0.16
土地利用率提高值	1/2	2	1	0.30

在层次单排序一致性检验中，计算可得 $\lambda_{max}=3.0092$，$CI=0.0046$，$RI=0.52$，故 $CR=0.0089<0.1$，通过一致性检验。

（2）一级指标层权重测算结果

"生态经济""生态生活""生态环境"成效目标下各仅有两个一级指标，可直接赋值。

（3）各指标最终赋权结果

将各层指标对应做乘法测算，得出各指标最终权重（见表 11－35）。

表 11－35 各指标最终权重测算结果

成效目标	一级指标	二级指标	指标权重
生态经济（0.3）	增加农业产出（0.6）	新增农业总产值（0.60）	0.1080
		投入产出比减小值（0.20）	0.0360
		土地流转面积（0.20）	0.0360
	增加地方收入（0.4）	增加税收（0.60）	0.0720
		引进企业投资额（0.13）	0.0156
		引进农业企业、农业合作社数量（0.27）	0.0324
生态生活（0.3）	生活质量改善情况（0.5）	农民满意度（0.15）	0.0225
		生态移民数量（0.07）	0.0105
		农民人均年增收额（0.39）	0.0585
		贫困人口减少数量（0.39）	0.0585
	乡村基础设施改善（0.5）	村屯道路硬化（0.06）	0.0090
		新（改）建排污沟（0.03）	0.0045
		促进乡村旅游发展（0.18）	0.0270
		改善村庄卫生条件（0.24）	0.0360
		优化村庄交通条件（0.49）	0.0735
生态环境（0.4）	环境友好情况（0.6）	绿色植被覆盖率提高程度（0.11）	0.0264
		废弃地、沙漠沙化地、废弃居民点、未利用地治理总面积（0.06）	0.0144
		新增农田防护林面积（0.32）	0.0768
		水土流失治理面积（0.51）	0.1224
	资源节约情况（0.4）	亩均节水量（0.54）	0.0864
		年均灌溉节水量（0.16）	0.0256
		土地利用率提高值（0.30）	0.0480

11.4.2.3 成效评估结果及因子分析

(1) 重大工程建设助力生态文明战略之生态经济成效

重大工程建设助力生态文明战略之生态经济成效，如表 11－36 所示。

① 增加农业产出：

通过实施重大工程项目建设，极大地推动了甘肃省经济的发展。

首先是增加农业总产值，经整治后，甘肃省新增农业总产值为26127.86万元；其次是投入产出比减小，整治后项目区投入产出比减小到0.11；最后是土地流转面积增加为12.39万亩。重大工程项目的建设改善了灌排条件、增加道路通达性、提高了耕地质量，促进了耕地的规模流转，不但减少农民的耕种成本，也增加了农民的土地流转租金水平。项目区农业生产条件得到有效改善，农业基础设施加强，抵御自然灾害的能力提升，地力等级提高，使农户集约化经营有了载体，不仅可增加粮食产量，而且为农业产业结构的调整和加快农业产业化步伐提供了良好的条件，从而对发展地方经济，改善群众生产生活状况、缩小地区差距发挥积极的作用。

② 增加地方收入：

通过改善项目区农业发展环境，吸引了许多农业企业入驻，培育、引进、扶持发展了一批引领和带动区域农业经济发展的农业企业和产业化项目。通过实施重大工程，甘肃省共引进农业企业和农业合作社575个，吸引企业投资3746.37万元，增加地方税收约1.18亿元。

表11－36　甘肃省东部百万亩土地整治重大工程生态经济成效情况

指标			单位	指标值	指标权重
生态经济	增加农业产出	新增农业总产值	万元	26127.86	0.1080
		投入产出比减小值	—	0.11	0.0360
		土地流转面积	万亩	12.39	0.0360
	增加地方收入	增加税收	万元	11765.41	0.0720
		引进企业投资额	万元	3746.37	0.0156
		引进农业企业、农业合作社数量	个	575	0.0324

（2）重大工程建设助力生态文明战略之生态生活成效

重大工程建设助力生态文明战略之生态生活成效，如表11－37所示。

① 生活质量改善情况：

通过将重大工程项目建设与扶贫工作相结合，在当地发改、农业、林业、扶贫等部门协作下，在贫困地区安排了一批建设项目，扶持了一批扶贫产业，帮扶了一批贫困人口脱贫。甘肃省通过项目实施，不仅增加了农民收入，减少了贫困面，缩小了贫富差距，同时，通过引导广大农民走多种经营的发展之路，能加快项目区向小康社会迈进的步伐，促进和谐社会的发展和农村安居乐业的社会氛围，为经济建设和社会文明建设做出贡献。其中，农民人均年增收额为 585.64 元/年·人，贫困人口减少 42163 人，农民满意度高达 96.56%。

② 乡村基础设施改善：

甘肃省重大工程项目的建设，完善了村内道路交通条件，通过居民点整治工程，对村内废弃建筑物进行拆除，美化了村居，改善了村内卫生条件。重大工程项目建设共为村屯内硬化道路 976.76 千米，新（改）建排污沟 2274.24 千米，通过土地整治卫生和交通条件明显改善的村庄各 390 个。

表 11－37 甘肃省东部百万亩土地整治重大工程生态生活成效情况

指标			单位	指标值	指标权重
生态生活	生活质量改善情况	农民满意度	%	96.56	0.0225
		生态移民数量	人	0	0.0105
		农民人均年增收额	元/年·人	585.64	0.0585
		贫困人口减少数量	人	42163	0.0585
	乡村基础设施改善	村屯道路硬化	千米	976.76	0.0090
		新（改）建排污沟	千米	2274.24	0.0045
		促进乡村旅游发展	个	0	0.0270
		改善村庄卫生条件	个	390	0.0360
		优化村庄交通条件	个	390	0.0735

（3）重大工程建设助力生态文明战略之生态环境成效

重大工程建设助力生态文明战略之生态环境成效，如表 11－38

所示。

① 环境友好情况：

项目区通过农田防护和生态环境保持工程建设，改善生态条件、防止或减少污染和自然灾害，维持农田生物多样性、生态景观的多样性和生态系统的稳定性。甘肃省通过实施土地整治重大工程，共治理废弃地、沙漠沙化地、废弃居民点、未利用地治理总面积321.73万亩，农田防护林面积增加1.98万亩，水土流失面积减少185.39万亩，绿色植被覆盖率提高了6.28%。

② 资源节约情况：

通过重大工程建设，项目区基础设施条件得到明显改善，土地利用效率显著提升。经统计，项目建成后，项目区土地利用率提高了3.79%。

表11－38　甘肃省东部百万亩土地整治重大工程生态文明成效情况

<table>
<tr><th colspan="3">指标</th><th>单位</th><th>指标值</th><th>指标权重</th></tr>
<tr><td rowspan="7">生态环境</td><td rowspan="3">环境友好情况</td><td>绿色植被覆盖率提高程度</td><td>%</td><td>6.28</td><td>0.0264</td></tr>
<tr><td>废弃地、沙漠沙化地、废弃居民点、未利用地治理总面积</td><td>万亩</td><td>321.73</td><td>0.0144</td></tr>
<tr><td>新增农田防护林面积</td><td>万亩</td><td>1.98</td><td>0.0768</td></tr>
<tr><td rowspan="4">资源节约情况</td><td>水土流失治理面积</td><td>万亩</td><td>185.39</td><td>0.1224</td></tr>
<tr><td>亩均节水量</td><td>立方米/亩</td><td>0.00</td><td>0.0864</td></tr>
<tr><td>年均灌溉节水量</td><td>万立方米</td><td>0.00</td><td>0.0256</td></tr>
<tr><td>土地利用率提高值</td><td>%</td><td>3.79</td><td>0.0480</td></tr>
</table>

附 表

附表 1 中国 2012 年投入产出部门分类及代码

Ⅰ级分类		Ⅱ级分类	
代码	部门名称	代码	部门名称
01	农林牧渔业	1001	农业
		2002	林业
		3003	畜牧业
		4004	渔业
		5005	农、林、牧、渔服务业
02	煤炭采选业	6006	煤炭采选业
03	石油和天然气开采业	7007	石油和天然气开采业
04	金属矿采选业	8008	黑色金属矿采选业
		9009	有色金属矿采选业
05	非金属矿及其他矿采选业	10010	非金属矿采选产品
		11011	开采辅助服务业和其他采矿业
06	食品和烟草业	13012	谷物磨制业
		13013	饲料加工业
		13014	植物油加工业
		13015	糖及制糖业
		13016	屠宰及肉类加工业
		13017	水产品加工业

续表

Ⅰ级分类		Ⅱ级分类	
代码	部门名称	代码	部门名称
06	食品和烟草业	13018	蔬菜、水果、坚果和其他副食品加工业
		14019	方便食品制造业
		14020	乳制品制造业
		14021	调味品、发酵制品制造业
		15022	其他食品制造业
		15023	酒精及酒的制造业
		16024	软饮料及精制茶加工业
		16025	烟草制品业
07	纺织业	17026	棉、化纤纺织及印染精加工业
		17027	毛纺织和染整精加工业
		17028	麻、丝绢纺织及精加工业
		17029	针织品、编织品及其制品制造业
		17030	纺织制成品制造业
08	纺织服装鞋帽皮革羽绒及其制品业	18031	纺织服装服饰制造业
		19032	皮革、毛皮、羽毛（绒）及其制品业
		19033	鞋制造业
09	木材加工及家具制造业	20034	木材加工及木、竹、藤、棕、草制品业
		21035	家具制造业
10	造纸印刷及文教体育用品制造业	22036	造纸及纸制品业
		23037	印刷业和记录媒介的复制业
		24038	文教、工美、体育和娱乐用品制造业
11	石油加工、炼焦及核燃料加工业	25039	精炼石油及核燃料加工业
		25040	炼焦业
12	化学工业	26041	基础化学原料制造业
		26042	肥料制造业
		26043	农药制造业
		26044	涂料、油墨、颜料及类似产品制造业
		26045	合成材料制造业
		26046	专用化学产品制造业
		26047	日用化学产品制造业

续表

Ⅰ级分类		Ⅱ级分类	
代码	部门名称	代码	部门名称
12	化学工业	27048	医药制造业
		28049	化学纤维制造业
		29050	橡胶制品业
		29051	塑料制品业
13	非金属矿物制品业	30052	水泥、石灰和石膏制造业
		30053	水泥及石膏制品制造业
		30054	砖瓦、石材及其他建筑材料制造业
		30055	玻璃及玻璃制品制造业
		30056	陶瓷制品制造业
		30057	耐火材料制品制造业
		30058	石墨及其他非金属矿物制品制造业
14	金属冶炼及压延加工业	31059	钢、铁及其铸件制造业
		31060	钢压延加工业
		31061	铁合金冶炼业
		32062	有色金属冶炼及合金制造业
		32063	有色金属压延加工业
15	金属制品业	33064	金属制品业
16	通用制造业	34065	锅炉及原动机制造业
		34066	金属加工机械制造业
		34067	物料搬运设备制造业
		34068	泵、阀门、压缩机及类似机械的制造业
		34069	文化、办公用机械制造业
		34070	其他通用设备制造业
17	专用设备制造业	35071	采矿、冶金、建筑专用设备制造业
		35072	化工、木材、非金属加工专用设备制造业
		35073	农林牧渔专用机械制造业
		35074	其他专用设备制造业
18	交通运输设备制造业	36075	汽车制造业
		36076	汽车零部件及配件制造业
		37077	铁路运输和城市轨道交通设备制造业

续表

Ⅰ级分类		Ⅱ级分类	
代码	部门名称	代码	部门名称
18	交通运输设备制造业	37078	船舶及相关装置制造业
		37079	其他交通运输设备制造业
19	电气机械及器材制造业	38080	电机制造业
		38081	输配电及控制设备制造业
		38082	电线、电缆、光缆及电工器材制造业
		38083	电池制造业
		38084	家用器具制造业
		38085	其他电气机械及器材制造业
20	通信设备、计算机及其他电子设备制造业	39086	计算机制造业
		39087	通信设备制造业
		39088	雷达及广播设备制造业
		39089	视听设备制造业
		39090	电子元器件制造业
		39091	其他电子设备制造业
21	仪器仪表及文化办公用机械制造业	40092	仪器仪表制造业
22	其他制造业	41093	其他制造业
23	废品废料	42094	废弃资源和废旧材料回收加工业
24	金属制品、机械和设备修理服务业	43095	金属制品、机械和设备修理服务业
25	电力、热力的生产和供应业	44096	电力、热力的生产和供应业
26	燃气生产和供应业	45097	燃气生产和供应业
27	水的生产和供应业	46098	水的生产和供应业
28	建筑业	47099	房屋建筑业
		48100	土木工程建筑业
		49101	建筑安装业
		50102	建筑装饰和其他建筑业
29	批发和零售业	51103	批发和零售业

续表

Ⅰ级分类		Ⅱ级分类	
代码	部门名称	代码	部门名称
30	交通运输、仓储和邮政业	53104	铁路运输业
		54105	道路运输业
		55106	水上运输业
		56107	航空运输业
		57108	管道运输业
		58109	装卸搬运和其他运输服务业
		59110	仓储业
		60111	邮政业
31	住宿和餐饮业	61112	住宿业
		62113	餐饮业
32	信息传输、计算机服务和软件业	63114	电信和其他信息传输服务业
		65115	软件和信息技术服务业
33	金融业	66116	货币金融和其他金融服务业
		67117	资本市场服务业
		68118	保险业
34	房地产业	70119	房地产业
35	租赁和商务服务业	71120	租赁业
		72121	商务服务业
36	科学研究和技术服务业	73122	研究与试验发展业
		74123	专业技术服务业
		75124	科技推广和应用服务业
37	水利、环境和公共设施管理业	76125	水利管理业
		77126	生态保护和环境治理业
		78127	公共设施管理业
38	居民服务和其他服务业	79128	居民服务业
		80129	其他服务业
39	教育	82130	教育
40	卫生和社会工作	83131	卫生
		84132	社会工作

续表

Ⅰ级分类		Ⅱ级分类	
代码	部门名称	代码	部门名称
41	文化、体育和娱乐业	85133	新闻出版业
		86134	广播、电视、电影和音像业
		87135	文化艺术业
		88136	体育
		89137	娱乐业
42	公共管理、社会保障和社会组织	93138	社会保障
		90139	公共管理和社会组织

附表2　江山市2015年居民消费结构

序号	部门	消费/万元
1	农林牧渔业	89490.86
2	建筑业	70790.40
3	食品和烟草业	67118.15
4	批发和零售业	44745.43
5	交通运输、仓储和邮政业	35134.24
6	卫生和社会工作	30282.56
7	信息传输、计算机服务和软件业	29992.93
8	纺织业	24186.72
9	木材加工及家具制造业	23596.80
10	住宿和餐饮业	22372.72
11	教育	19554.34
12	文化、体育和娱乐业	19135.75
13	纺织服装鞋帽皮革羽绒及其制品业	16113.48
14	房地产业	11800.50
15	租赁和商务服务业	11796.30
16	造纸印刷及文教体育用品制造业	8760.31
17	公共管理、社会保障和社会组织	8652.16
18	电力、热力的生产和供应业	8293.82
19	通信设备、计算机及其他电子设备制造业	8180.90
20	交通运输设备制造业	8100.90
21	水的生产和供应业	6543.46
22	居民服务和其他服务业	6188.46
23	其他制造业	6134.68
24	金属制品、机械和设备修理服务业	5958.68
25	科学研究和技术服务业	5637.56
26	仪器仪表及文化办公用机械制造业	5413.60
27	燃气生产和供应业	4852.09
28	专用设备制造业	4326.08
29	金属制品业	4031.12

续表

序号	部门	消费/万元
30	通用制造业	2215. 52
31	金融业	1815. 60
32	煤炭采选业	1630. 24
33	水利、环境和公共设施管理业	1604. 48
34	电气机械及器材制造业	0. 00
35	非金属矿及其他矿采选业	0. 00
36	非金属矿物制品业	0. 00
37	废品废料	0. 00
38	化学工业	0. 00
39	金属矿采选业	0. 00
40	金属冶炼及压延加工业	0. 00
41	石油和天然气开采业	0. 00
42	石油加工、炼焦及核燃料加工业	0. 00

附表3　江山市“十二五”高标准农田建设项目投入产出汇总

	部门	金额（万元）
中间投入	电力、热力的生产和供应	102.17
	电气机械和器材	260.20
	纺织品	37.35
	非金属矿和其他矿采选产品	566.45
	非金属矿物制品	5711.07
	化学产品	882.13
	建筑	29997.77
	交通运输设备	3.53
	金属冶炼和压延加工品	934.99
	金属制品	126.72
	金属制品、机械和设备修理服务	424.29
	科学研究和技术服务	2547.82
	煤炭采选产品	129.16
	木材加工品和家具	1215.98
	农林牧渔产品和服务	1803.16
	石油、炼焦产品和核燃料加工品	1578.12
	水的生产和供应	16.74
	水利、环境和公共设施管理	64.36
	通用设备	276.56
	造纸印刷和文教体育用品	4.23
	专用设备	23.73
	租赁和商务服务	31.59
初始投入	固定资产折旧	496.92
	劳动者报酬	4195.61
	生产税净额	668.17
	营业盈余	565.73
小计		52664.57
不可预见费		1579.94
合计		54244.51

附表4　盘山县2015年居民消费结构

序号	部门	消费/万元
1	农林牧渔业	17978.15
2	食品和烟草业	12249.22
3	交通运输、仓储和邮政业	11995.82
4	建筑业	10518.17
5	电力、热力的生产和供应业	9072.53
6	纺织业	4858.96
7	房地产业	4839.43
8	木材加工及家具制造业	4740.45
9	住宿和餐饮业	4494.54
10	批发和零售业	4051.50
11	教育	3928.34
12	文化、体育和娱乐业	3844.25
13	卫生和社会工作	3614.79
14	纺织服装鞋帽皮革羽绒及其制品业	3237.10
15	租赁和商务服务业	2369.80
16	信息传输、计算机服务和软件业	2322.21
17	燃气生产和供应业	2209.15
18	造纸印刷及文教体育用品制造业	1759.89
19	公共管理、社会保障和社会组织	1738.16
20	通信设备、计算机及其他电子设备制造业	1643.49
21	交通运输设备制造业	1627.42
22	水的生产和供应业	1314.54
23	居民服务和其他服务业	1243.22
24	其他制造业	1232.42
25	金属制品、机械和设备修理服务业	1197.06
26	科学研究和技术服务业	1132.55
27	仪器仪表及文化办公用机械制造业	1087.56
28	专用设备制造业	869.08
29	金属制品业	809.83

续表

序号	部门	消费/万元
30	通用制造业	445.08
31	金融业	364.74
32	煤炭采选业	327.51
33	水利、环境和公共设施管理业	322.33
34	电气机械及器材制造业	0.00
35	非金属矿及其他矿采选业	0.00
36	非金属矿物制品业	0.00
37	废品废料	0.00
38	化学工业	0.00
39	金属矿采选业	0.00
40	金属冶炼及压延加工业	0.00
41	石油和天然气开采业	0.00
42	石油加工、炼焦及核燃料加工业	0.00

附表5　盘山县"十二五"高标准农田建设项目投入产出汇总

	部门	金额（万元）
中间投入	电力、热力的生产和供应	61.83
	电气机械和器材	157.47
	纺织品	22.60
	非金属矿和其他矿采选产品	342.81
	非金属矿物制品	3456.25
	化学产品	533.85
	建筑	18154.19
	交通运输设备	2.14
	金属冶炼和压延加工品	565.84
	金属制品	76.69
	金属制品、机械和设备修理服务	256.77
	科学研究和技术服务	4061.18
	煤炭采选产品	78.17
	木材加工品和家具	735.89
	农林牧渔产品和服务	1091.25
	石油、炼焦产品和核燃料加工品	955.06
	水的生产和供应	10.13
	水利、环境和公共设施管理	38.95
	通用设备	167.37
	造纸印刷和文教体育用品	2.56
	专用设备	14.36
	租赁和商务服务	19.12
初始投入	固定资产折旧	300.73
	劳动者报酬	2539.12
	生产税净额	404.37
	营业盈余	342.37
小计		34391.05
不可预见费		956.16
合计		35347.22

参考文献

[1] 熊冰瑶，夏建国，林婉嫔，等. 四川省高标准农田建设绩效评价［J］. 中国人口资源与环境，2016（S2）：219－222.

[2] 方琳娜，李建民，陈子雄，等. 日韩农田建设做法及对我国高标准农田建设启示［J］. 中国农业资源与区划，2020（6）：1－6.

[3] 赵小风，黄贤金，王小丽，等. 基于城乡统筹的农村土地综合整治研究——以南京市靖安街道“万顷良田建设”为例［J］. 长江流域资源与环境，2013，22（2）：150.

[4] 谷晓坤，刘娟. 都市观光农业型土地整治项目的社会效应评价——以上海市合庆镇项目为例［J］. 资源科学，2013（08）：1549－1554.

[5] 刘春芳，刘立程，何瑞东. 黄土丘陵区高标准农田建设的生态系统服务响应研究——以榆中县高标准农田建设项目为例［J］. 中国人口·资源与环境，2018，28（12）：124－130.

[6] 王洪波，程锋，张中帆，等. 中国耕地等别分异特性及其对耕地保护的影响［J］. 农业工程学报，2011（11）：1－8.

[7] 聂庆华，包浩生. 中国基本农田保护的回顾与展望［J］. 中国人口·资源与环境，1999（2）：33－37.

[8] 李根良. 从地理学观点谈我国高产稳产田建设［J］. 农业区划，1992（3）：42－44.

[9] 费建波，凌静，吴玺，等. 基于土地整治监测监管系统的高标准农田建设状况分析［J］. 农业工程学报，2016，32（3）：267－274.

[10] 王文浩. 高标准农田水利工程后评价指标体系研究［D］. 西安：西北农林科技大学，2013.

[11] 于帝平，霍进臣，孙宝林，等. 辽东山区水土保持生态修复中坡地种植模式探讨 [J]. 中国水土保持，2006 (3)：22 – 24.

[12] 刘福刚，孟宪江. 正确认识县域经济的内涵 [N]. 经济日报，2004 – 03 – 30.

[13] 王玥. 中国高标准基本农田建设研究 [D]. 长沙：湖南农业大学，2014.

[14] 王军. 投资的需求效应和供给效应 [J]. 财经科学，2000 (4)：8 – 11.

[15] 黄萍. 我国投资与经济增长的关系分析 [J]，发展，2009 (4)：124 – 125.

[16] 张志敏. 公路建设投资对国民经济拉动影响研究 [D]. 西安：长安大学，2003.

[17] 关涛，慎勇扬，余万军，等. 土地整理项目国民经济评价方法研究 [J]. 农业工程学报，2005 (S1)：146 – 149.

[18] 管栩，金晓斌，周月书，等. 农村土地整治项目对国民经济影响的定量分析——以长沙县福临镇土地整治项目为例 [J]. 中国土地科学，2013，27 (2)：39 – 45.

[19] 张正峰，陈百明. 土地整理潜力分析 [J]. 自然资源学报，2002 (6)：50 – 55.

[20] 信桂新，陈兰，杨庆媛. 土地整治促进城乡统筹发展——基于重庆的实践考察简 [J]. 西南师范大学学报 (自然科学版)，2017，42 (6)：65 – 72.

[21] 王瑷玲，赵庚星，李占军. 土地整理效益项目后综合评价方法 [J]. 农业工程学报，2006 (4)：58 – 61.

[22] 黄辉玲，吴次芳，张守忠. 黑龙江省土地整治规划效益分析与评价 [J]. 农业工程学报，2012 (6)：240 – 246.

[23] 陈锡康，杨翠红. 投入产出技术 [M]. 北京：科学出版社，2011.

[24] 国家统计局国民经济核算司. 中国 2012 投入产出表编制方法 [M]. 北京：中国统计出版社，2014.

[25] 刘起云. 关于投入产出系数结构分析方法的研究 [J] 统计研究，2002，2 (2)：40 – 42.

[26] 王燕，宋辉. 影响力系数和感应度系数计算方法的探析 [J]. 价值工程，2007 (4)：40 – 42.

[27] 王巧英. 影响力系数和感应度系数计算方法新探 [J]. 统计教育，2010 (10)：22-25.

[28] 国家统计局. 中国2007年投入产出表编制方法 [M]. 北京：中国统计出版社，2009.

[29] 国家统计局国民经济核算司. 中国2012投入产出表编制方法 [M]. 北京：中国统计出版社，2014.

[30] 管帆. 上海主导产业的选取——基于投入产出表的视角 [D]. 上海：复旦大学，2012.

[31] 贾文涛. 从土地整治向国土综合整治的转型发展 [J]. 中国土地，2018 (5)：16-18.

[32] 梁梦茵. 重大工程助推土地整治规划实施 [J]. 中国土地，2017 (3)：16-17.

[33] 张继心. 黑龙江省松嫩平原县域农村土地整治成效评价研究 [D]. 哈尔滨：东北农业大学，2016.

[34] 冯晨辰. 甘肃省东部土地整治重大工程效益评价研究 [D]. 北京：北京林业大学，2018.

[35] 张羽飞. 陕西延安土地整治重大工程效益评价研究 [D]. 北京：北京林业大学，2018.

[36] 曾涛，吕婧，史佳良，等. 基于多层AHP-FCE评价模型的土地整治重大工程效益评价研究 [J]. 江西农业大学学报，2017 (6)：184-193.

[37] 胡静，金晓斌，陈原，等. 土地整治重大工程项目建设监测管理系统的设计与实现 [J]. 中国土地科学，2012 (7)：44-49，97.

[38] 金晓斌，黄玮，易理强，等. 土地整理项目绩效评价初探 [J]. 中国土地科学，2008 (6)：57-62.

[39] 郧文聚. 关于加快土地整治创新的思考 [J]. 华中农业大学学报（社科），2011 (6)：1-5.

[40] 刘新卫. 土地整治如何助力扶贫攻坚 [J]. 中国土地，2016 (4)：35-37.

[41] 臧玉珠，刘彦随，杨园园，等. 中国精准扶贫土地整治的典型模式 [J]. 地理研究，2019，38 (4)：856-868.

[42] 龙花楼，张英男，屠爽爽. 论土地整治与乡村振兴 [J]. 地理学报，

2018, 73 (10): 1837 - 1849.

[43] 孔雪松，王静，金志丰，等. 面向乡村振兴的农村土地整治转型与创新思考 [J]. 中国土地科学，2019，33 (5): 95 - 102.

[44] CASTRO COELHO J, AGUIAR PRINTO P, MIRA DA SILVA L. A system ap - proach for the estimation of the effects of Land Consolidation Projects (LCPs): a model and its application [J]. Agricultural Systems, 2001 (68): 179 - 195.

[45] COELHO J, PINTO P A, SILVA L M. A system approach for the estimation of the effect of Land Consolidation Projects (LCPs): a model and its application [J]. Agricultural Systems, 2001, (68): 179 - 195.

[46] GIEDRIUS PASAKARNIS, VIDAMALIENE. Towards sustainable rural development in Central and Eastern Europe: applying land consolidation [J]. Forest transitions, 2010, 27 (2): 545 - 549.

[47] MACHITO MIHARA. Effects of agricultural land consolidation on erosion processes in semi - mountainous paddy fields of japan [J]. Journal of Agricultural Engineering Research, 1996, 64 (3): 237 - 247.

[48] SKLENICKA P, SIMOVA P, LLRDINOVA K, et al. Changing rural landscapes along the border of Austria and the Czech Republic between 1952 and 2009: roles of political, socioeconomic and environmental factors [J]. Applied Geography, 2014 (47): 89 - 98.

[49] VAN DEN MOORT P C. Land consolidation in the Netherlands [J]. Land Use Policy [J]. 1987, 4 (1): 11 - 13.

[50] CRECENTE R, ALVAREZ C, FRA U. Economic, social and environmental impact of land consolidation in Galicia [J]. Land Use Policy, 2002 (19): 141.

[51] A R C, A C A, B U F. Economic, social and environmental impact of land consolidation in Galicia [J]. Land Use Policy, 2002, 19 (2): 135 - 147.

[52] NIROULA G S, THAPA G B. Impacts and causes of land fragmentation and lessons learned from land consolidation in South Asia [J]. Land Use Policy, 2005, 22 (4): 358 - 372.

[53] BONFANTI P, FREGONESE, SIGURAM. Landscape analysis in areas affected

by land consolidation [J]. Landscape Urban Plan, 1997, 37 (1/2): 91 -98.

[54] YU G, JING F, YI C, et al.. The identification and assessment of ecological risks for land consolidation based on the anticipation of ecosystem stabilization: A case study in Hubei Province of China [J]. Land Use Policy, 2010, 27 (2): 293 -303.

[55] CAY T, UYAN M. Evaluation of reallocation criteria in land consolidation studies using the Analytic Hierarchy Process (AHP) [J]. Land Use Policy, 2013, 30 (1): 541 -548.

[56] A T C, B T A, A F I. Effects of different land reallocation models on the success of land consolidation projects: Social and economic approaches - ScienceDirect [J]. Land Use Policy, 2010, 27 (2): 262 -269.

[57] DAVID MIRANDA, RAFAEL CRECENTE, FLORALVARE Z M. Land consolidation in inland rural galicia, N. W. Spain, since 1950: an example of the formulation and use of questions, criteria and indicators for evaluation of rural development policies - Science Direct [J]. Land Use Policy, 2006, 23 (4): 511 -520.

[58] ASIAMA K O, VOSS W, BENNETT R, et al.. Land consolidation activities in Sub - Saharan Africa towards the agenda 2030: a tale of three countries [J]. Land Use Policy, 2021, 101.

[59] FENG W, LI Y. Measuring the ecological safety effects of land use transitions promoted by land consolidation projects: the case of Yan'an city on the Loess Plateau of China [J]. Land, 2021, 10 (8): 783.